JN183386

音楽で世界は変わる

ロックが生んだ８つの価値観

Free Magazine ANTHEM インタヴュー集

大貫憲章
佐藤タイジ
ハヤシムネマサ
ホフディラン
町田直隆
山口進
渡辺俊美

アルファベータブックス

序　文

音楽評論家　我妻広己

インタヴューというのは難しいものです。

本音を露にするインタヴューとはよくいわれますが、いくら時間を共有したとて人の真の心はわからないもの。ましてやほとんど初めて話をするケースも多い中、正しくそれを得ることなど奇跡ともいえます。しかし、心意気は愛に通ず。本気でぶつかれば本音をとらえることもまたあるのです。

ここに収められているインタヴューにはいずれもそんな〝知己の出逢い〟の瞬間が認められます。それはひとえにインタヴュアーがまず自ら何を世に問いたいのかを認識し、聴くべき人に聴くべきことを聴いているからにほかなりません。

私がヒラタマキコさんと知り合い、今となっては幻の自作音楽雑誌ＡＮＴＨＥＭ第1号を読ませてもらったのは、10数年前のこと。体裁的にはまったく未完成なものでしたが、コピー・コントロールＣＤとそれにのっとった音楽界を憂う、実に真っ当なコンセプトの基に作られていました。まるで業界誌の如く。そしてまたその奥に、巷に溢れる紛い物の商業誌の類いにはない深い音楽愛が感じられたのです。正真正銘音楽を愛する人のための読み物といえるものでした。

とはいえそれほど魂の籠ったものゆえに、次のテーマが見えなくなった時、作る必然性を失い、わずか2号でその第1幕を下ろしてしまいます。読みたいものがないなら自ら作ればいいと奨め、一旦始めたら継続することが生命と語り、愛してやまない人が作らなくてどうすると迫っても、全く立ち上がらず……。

しかしその後7年を経て、やっと答が見つかったらしく。再出発を果たしたANTHEMは、正に暮らしの中に音楽がなくては心に穴の空く〝愛好家〟がその想いを伝えるものとして光を発しています。今や、総部数が少ないとはいえ、配布先で置かれるとすぐになくなる人気音楽雑誌。楽しみにしているファンが多いのもそれゆえでしょう。しかしながら、フリーペーパー。カンパのみを頼みとするため、製作費すら賄えていないようですが……。ともあれそんなわけで、発刊日はイレギュラーですが、現在第7号。今も次の号へと駒は進められています。

本書全6編のインタヴューはそれらの巻頭主要記事として収められていたもの。音楽界のゆくえから、東日本大震災とそれにつながるエネルギー問題等も含み、日本人の生き方に至るまで、話はおしなべて深く掘り下げたものとなっています。

「消失したらおしまい」と音楽のデータ配信が趨勢となる世を嘆く、「ロックで踊る」大貫憲章。
「原子力はリスクが高すぎる」と〝震災前〟に語り、後日予告通り太陽光発電による武道館公演を行った、佐藤タイジ。
「本当にいいものができたら、タダでもみんなに聴いてほしい」と宣ってしまった、ハヤシムネマサ。
「もっとみんな自由に音楽ができるようになる」と来るべきＤＩＹ業界化を想う、ホフディラン。

「届かない人には届かない」と達観しつつ、「人間は音楽に救われる」と音楽の可能性を信じる、町田直隆と山口進。

「風化しないよう、いろんなところで歌う」と決意、「興味を持ち、会話してほしい」と福島から訴える、渡辺俊美。

彼らへの問い、導かれた答にはどれも普通のインタヴューではあまりお目にかかれない本音が見え隠れしています。そして、それは一音楽ファンとして自らその答を探るヒラタマキコさんの熱い想いがあってこそ求め得た流れなのです。

はじめに

２０１０年8月1日、フリーマガジン『ＡＮＴＨＥＭ』は創刊されました。スポンサーも、出資もない、完全に独立した編集部で、不定期ではありますが、これまでに7冊を発行しました。

フリーマガジンというだけあって、もちろん誰でも無料で読んでいただけます。ただし、「次も読みたいと思ってもらえたのであれば、カンパをしてください」というキャッチコピー通り、有料でもあります。

なぜ、こんなことを行っているのか。それは主にふたつの理由があります。

ひとつは、私たちの作っているものが、自己満足として終わらないよう、読者の皆さんに評価していただくためです。今、紙媒体を購入する人は減り、無料の媒体が増えています。そして媒体が増えたことにより、価値観にも変化が出ています。では、私たちが作っているものは、どうだろうか。お金を払う価値があると思うくらいのものになっているのだろうか。その評価を読者の皆さんに委ねています。

最新号を発行すると間もなく、店頭から消えてしまうこともあり、「もっと部数を増やして、手に入りやすくしてほしい」と、ずいぶん多くの方に言われてきました。でも私たちには部数をさらに増やすだけのカンパはまだ集まっておらず、嬉しいお言葉ではありますが、それを叶えることはできません。

それに関わる話ですが、ふたつ目の理由は、無料で手に入ることが当たり前ではないということを、考えてほしいからです。０円のものに、自分としての価値をつける。それと同時に、果たして、今、お金を払って買ったものに、それだけの価値があったかどうかを考える。

こんな経験はありませんか？　０円の読み物のほうがずっと面白いのに、高いお金を出して、それよりも面白くない読み物を買ってしまったこと。それっていつか、ほしいものが手に入らなくなるということに、繋がり得ることなのです。だからこそ、自分の価値観を考えるきっかけにしてほしいと思ったのです。

カンパ制は、音楽の世界では当たり前のことです。路上で歌うミュージシャンは、通りすがりの人に投げ銭をもらいます。私たちは、まだまだこれから成長していくだろうミュージシャンたちと、同じ立場のインディーズマガジンとも言えます。音楽産業とも、マスメディアとも、すっかり離れたところにある、独立したメディアでありたいと思っています。

今回は、これまで表紙を飾ってくださった7組の巻頭インタヴューのうち、掲載に許可をいただけなかったひとりのアーティストを除いた6組の記事を、完全収録の一冊にしました。ページの都合上、全ては掲載できなかったので、話してくださった全てを、いつか読者に伝えたいと思っていたのですが、早々にお話をいただき、実現しました。こうやって読み返してみると、人の数だけ価値観があると、改めて感じました。そして、誰かの言葉が、自分の価値観に変化をもたらす。少なくとも、スタッフは少なからず影響を受けていて、もしかすると、それを成長というのかもしれません。

音楽は単なる娯楽ではありませんでした。きっとこの本を読んだら、気づいてもらえるはず。音楽という文化には可能性が秘められていて、とてつもない力があります。あなたの傍にいつも寄り添って、救い出してくれるだけではなく、社会をも動かします。ロックはそうやって、戦争、階級や差別の問題、多くのことに直面し、人の心を動かし、歴史を作り出して来たのです。

だから、この本を読んで、音楽を生んでくれる人々の情熱に触れ、もっと新しい音楽と出会ってください。さらに、その音楽を通して、多くの人と音と、私たちと出会ってください。

最後になりましたが、私の壮大な遊びに付き合ってくれて、毎回、真剣に完成度の高い雑誌を作ってくれるスタッフのみんな、ありがとう。どこへ講演に行っても、私は彼女たちの話をして、自慢のスタッフだと紹介しています。背中を押してくれる彼女たちがいなければ、この雑誌は生まれなかったし、作り続けることができません。

また、日頃から何かあれば、二つ返事で協力してくださる、ライヴハウスの方々。配布に協力してくださる全国のレコード店の皆様。いつも、本当にありがとうございます。

そして、全てのミュージシャンに、心より敬意を表します。音楽を生む人がいるから、私たちはこの雑誌を作ることができるのです。何よりも、その存在を、尊敬しています。

この本を出すにあたり、出版のお話をくださった、クラシックジャーナル・中川右介編集長、序文も書いてくださった我が師匠・我妻広己先生、いつも応援してくれる両親と友人たち、そして、毎回最新号の発行時には血眼になって探し、手に入れてくださる愛読者の皆様に心より感謝申し上げます。そして、記念すべき、この私の初めての本を、難病と闘いながら、いつも私を応援して、支え続けてくれた一番の愛読者である、今は亡き黒田かおりさんに捧げます。

２０１４年９月　ＡＮＴＨＥＭ代表　ヒラタマキコ

目次

カバー写真

©POKO（大貫憲章、佐藤タイジ、ハヤシムネマサ）

© 宇佐野ナギ（ホフディラン、町田直隆×山口進）

© 那波智彦（渡辺俊美）

大貫憲章

写真 ©POKO

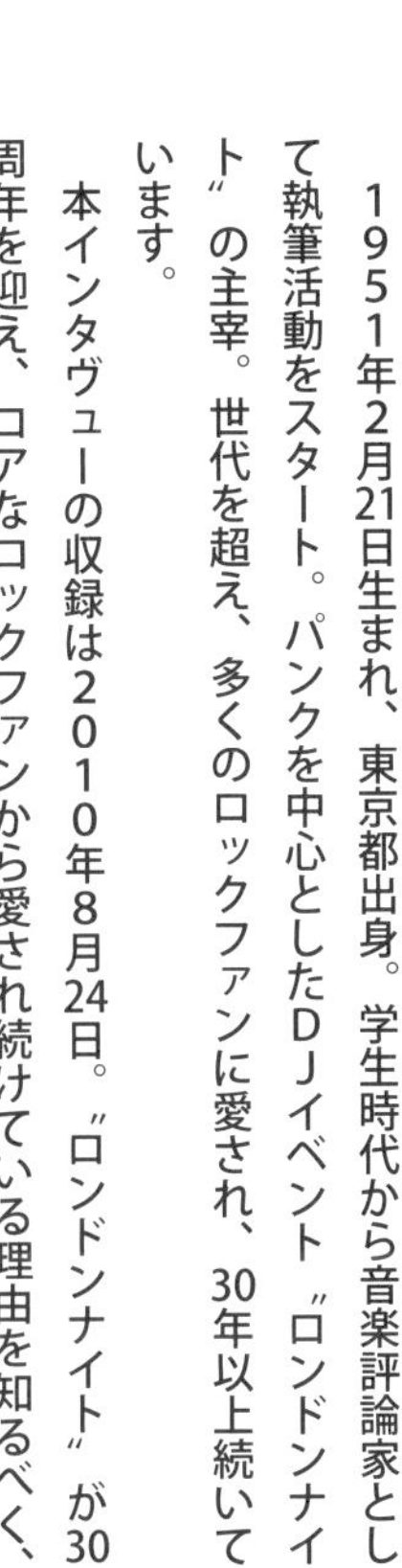

１９５１年2月21日生まれ、東京都出身。学生時代から音楽評論家として執筆活動をスタート。パンクを中心としたＤＪイベント〝ロンドンナイト〟の主宰。世代を超え、多くのロックファンに愛され、30年以上続いています。

本インタヴューの収録は２０１０年8月24日。〝ロンドンナイト〟が30周年を迎え、コアなロックファンから愛され続けている理由を知るべく、取材をオファーしました。憲章さんは快く承諾してくださり、自宅兼オフィスとなっている、レコードに囲まれた一室でインタヴューは行なわれました。その前後には貴重なコレクションを見せていただき、熱いロック談義も展開されました。

ロックを通して、音楽シーンの危機感を語る憲章さんの言葉は、読む者の心に訴えかけ、ロックファンだけではなく、ミュージシャンや関係者からも感想が届くなど、大きな反響を生みました。

今年（2010年）は〝ロンドンナイト〟が30周年を迎えますが、まず、ベタな質問ではありますが、音楽評論家というお仕事の枠に留まらず、〝ロンドンナイト〟をやろうと思ったきっかけは何でしょう。

これもベタな答えですが、DJというものに対して、一度やってみたいという好奇心がありました。基本的には評論家って、家で原稿を書くっていう作業じゃないですか。そういうものと全く違うので、好きなレコードをかけて、楽しそうだからやってみたいというのが、純粋な最初の動機。好奇心とも言えなくもないし、もっと偉そうに言うと探究心というか、チャレンジ。何事も色々やってみたいなと思いました。

直接的な動機になったのはやっぱり、クラッシュの80年の全英ツアー、〝16トン・ツアー〟というタイトルがついていましたけれども、『ロンドン・コーリング』が出たときの国内ツアーですね。その取材に行って、ライヴの前にDJが、生で音を出していたのを見て、カッコイイって思って。機材とかも、ジュラルミンケースに入ったDJキットになっていたわけですよ。ターンテーブルがふたつに、ミキサーがひとつという非常にコンパクトなスタイルなんだけど、それがジュラルミンケースに入っていて、まず見た目がすごくカッコイイというのがあって、こんなようなことを東京でやれたらいいなと。それまで、ディスコのDJとかは知っていたけれど、それは全く関心がなかったんですよ。クラッシュの前座の、バリー・マイヤースがやっているのを見て、カッコイイなって思った。それがきっかけで、帰ってきてから、当時西麻布にあったトミーズ・ハウスっていうショットバーにDJが入っていると聞いて、紹介してもらって、あとはラッキーなことにとんとん拍子で入らせてもらいました。

〝ロンドンナイト〟の始まりも、そういう気持ちの延長だったのでしょうか。

最初は〝ロンドンナイト〟っていう名前ではなかったんですけれども、トミーズ・ハウスのときはＤＪがいるのが当たり前という感じの小さなショットバーで、毎週水曜日は僕がやっていただけで、店主のトミーとか、〝アーリーバード〟ことソウル評論家の吉岡正晴くんとかがやっていて、そこに僕がお邪魔した感じだったので、イヴェント名もついていなかったし、意識していませんでした。でもそれが、出発点。それから数ヶ月経って、ツバキハウスで始めてから、正式に名称をお店の人が決めてくれて〝ロンドンナイト〟となりました。

お店の方が決めたんですね。なぜ〝ロンドンナイト〟という名前になったのでしょうか。

お店の人に「大貫さん、ロンドン好きなんですよね」って言われたので、「好きです」って答えたら、「じゃあ、〝ロンドンナイト〟にしましょう」っていう非常に安易な流れでした。こっちも断る理由がないので、「あ、いいですよ」って。ただ〝ナイト〟だけは、自分の中で、〝夜〟っていうのが嫌だったので、「〝ＮＩＴＥ〟の４文字にしませんか」と言ったら、向こうも「構いませんよ」ということになり、決まりました。

始めるときは、こんなにずっと長く続くと思っていましたか。

いや、全然思ってないですよ。いつまでやったらいいのかなっていう気持ちでした。いつクビになるのかなって思いながら。でもやっているうちに、半年ぐらいはお客さん来なかったですけど、春に始めて夏休みが終わって、主に服飾系や美容系の専門学校生が来るようになってから、軌道に乗ったというか、しばらく続くかもしれないなと思いましたね。

自然と学生が来るようになったんですか。

それはね、僕にもわからないんですけど。チラシを配ったり、学生割引みたいなものをやったりとか、そういう宣伝はやってましたけどね。でも、今みたいにインターネットがあったわけでもないし、ラジオで放送したわけでもないし、携帯もないし、口コミとかですよね。だから地道な宣伝が、時間がかかったけれども伝わったのかなと思います。あと当時、バイトをしていたので、その編集部も応援というか、遊びに来てくれたりしたので。『ａｎ・ａｎ』ですけれどもそこで取り上げてくれたりなんかもしてくれたので、当然それを読んで来てくれた方もいたと思うんですよね。１回人が集まっちゃうと、色々なところから取材がいっぱい来るので、軌道に乗っちゃえば、お客さんが入る、入らないの心配はしなくて済みましたね。

30年間続けるということは、楽しいということはもちろん、他にも続ける理由があると思うんですけれども。

そうですね、楽しいことはもちろん、〝ロンドンナイト〟の一番のテーマは〝ロックで踊る〟ということでね。当時はクラブもなかったから、ディスコで、所謂ディスコサウンドはダンスミュージックじゃないですか。そこにダンス寄りのロックも少しはかかっていましたけれども。当時はパンクが出てきて終わってニューウェーヴというものが出てきた時期でもあったんだけれども、それ以前から僕はロックの評論家をやっていたし、ロックが大好きなので、クイーンをかけたりね、エアロスミスやキッスをかけたり、そういうもので、もっと盛り上げたいという、漠然とした気持ちはありましたよね。使命感というほどじゃないんだけれども、ロックで盛り上げたいという気持ちですね。

でも、〝ロックで踊る〟ということを日本に持ってきて、人が集まり定着しましたが、まだ続けていますよね。

意外とロックというものに対する世の中の認識、認知度は一般的になったとは言い難いんだけれども、大体の人は知っているわけじゃないですか、〝ロック〟という言葉を。とは言っても「じゃあ、ロックで何が好きなの?」って聞いたときに、「そこまではちょっと」みたいなさ。ロックは知っているけど、好きなバンドまではいないという人の方がむしろ多いくらいじゃないですか。

そうですね、世の中の比率で考えてみると。

そうそう、比率で考えると。だから、亡くなった忌野清志郎くんがよく「ロックが幅をきかせる日まで、俺はがんばる」って言っていたけど、僕も全くその通りだと思うので。要するにそれはみんながロックを好きになるっていうのがもちろん理想なんだけど、少なくとも話の中でロックが話題になるくらいまで。「昨日テレビ何見た?」っていうのと同じくらいに「あの新譜どうよ?」くらいまでにはなってほしいよね。それは邦楽・洋楽含めてなんだけれども。洋楽に限らず、邦楽でもいいから。

確かに私たちは月に何度会っても、音楽の話ばっかりしていますね。周りがそういう人たちばかりで。

そういう人たちは僕のお友達ですけれども、なかなかそういう人っていないよね。ちょっと偏った感じの音楽の聴き方をしているような気がしてならないんですよ。もっとジェネラルな聴き方、普通にビートルズやローリング・ストーンズの話ができるとかね。詳しくなくてもいいんですよ。「『サティスファクション』とかだっけ？」とか「もうおじさんなんでしょ？」とか「50年ぐらいやってるんでしょ」とか、せめてそういう話ができればいいんだけど、それを「知らない」「外人でしょう」とかって、こんなに国際化しているのに言われてもね（笑）。イギリス人がやってるロックを「外人でしょ？」って片づけられちゃうと。でも、そういう人って多いじゃないですか。「英語だとよくわからないから聴かない」とか、一時期は「カラオケで歌えないから」とも言われたんだよ。そういうのが悔しいので、今もやってるんですよ。まだまだ使命は終わっていないということです。

大貫さんにとって、〝ロンドンナイト〟はどのような場所ですか。

それはもう、自分が一番解放されるような場所ですよね。毎週開催が終了したのが去年（２００９年）の8月だからちょうど1年経ち、今はレギュラリーで毎週やっているわけではないのですが、〝ロンドンナイト〟としては地方も含め、イヴェントとして継続していきたいとは思っています。時代で音楽の聴き方も違うし、それは仕方がないんだけど、30年前と今はやっぱり違うよね。環境も時代も違うし、昔みたいな〝ロンドンナイト〟ではないんだけれども、それは何が違うかっていうと、今言ったみたいなお客さんの感じも場所も違うし、変化はやむを得ないことなんだけれども、ツバキハウスの時代が一番楽しかったのは事実だよね。

ディスコはクラブと違って食事ができるじゃないですか。結構広くて、居心地がよくて。クラブはどちらかというと、狭い、汚い、飯がないと、そういうところばかりじゃないかもしれないけれども、多いんですよね。僕たちがよく、〝逃げ場所〟って言うんですけど、お客さんの居場所がフロアといくつかのテーブルとカウンターしかないとなると、3〜4時間いると疲れちゃう。今は僕も歳で疲れちゃうんだけど。あとははっきり言って、音があまりよくない店が多いということだよね。音がデカけりゃいいってもんでもないし、音が良いと疲れないんですよ。昔のディスコの方が音もよくて広くて、隅っこで眠っている人もいるし、ビリヤードで遊んでいる人もいたり、全体的に社交場みたいになっていたので、1日でも居られるからね。長い人だと10時間ぐらい滞在するわけだよね。フリーフードで、食事代も料金に含まれていて、当時は2000円くらい。

今はそういう環境がないし、それに他にクラブでもバーでも、音のある場所って今はたくさんあるじゃないですか。ある程度、知識も持っている。

情報が溢れていますからね。

そう、情報があるから。だから、狭いサークルなんだけれども、その中でお互いに差別化しあっているところがあって、本当はそんなことしてる暇はなくて、その狭いサークルを拡大しなければいけないのが僕らの任務というか、仕事だと思っているんです。なかなかそこがうまく機能しないというのが残念なところで、お客さんでDJになっちゃっている人が結構いっぱいいますけれども、それはそれでいいんですけど、僕は音楽フアンをもっと増やしたい。
専門家を増やしてもしょうがないというか、さっき話したように「ボブ・マーリー、知ってる！」とかでいいんですよ。マニアじゃなくていい。『ワン・ラヴ』を知っていて、レゲエという音楽を知っている。J―レゲエじゃなくて、Jがないレゲエを知っている。Jもいいんですけど、ちょっとダサいじゃないですか、Jリーグみたいな。

Jリーグもダメなんですか（笑）？

いや、Jリーグはいいんですよ。最初に使ったんだから、ジャパン・リーグ、あれは間違いない。それ以降なんでもJをつけるじゃないですか。

今、J感覚っていう言葉もあるんですよ。観光庁が作ったみたいなんですけど、きれい・かわいい・きもちいいという上海万博向けの言葉みたいです。

そうなんですか。なんで、Jにしたんですかね。僕はジョン・カビラと杉作J太郎ぐらいしか知らないですけどね。

（笑）。大貫さんは、お客さんと直に話ができる現場にいらっしゃいますよね。リスナーの変化というものがよくわかると思うのですが。

若い人が一番わかりやすいですよね。そのとき、そのときの影響を受けやすいから。ただ、変わっているところと変わってないところがあって、変わったところは時代で、まず外面的にファッションだとかそういう部分。それ以外の面で言うと、音楽に詳しいとか、詳しくなくても、ある程度知識がある人が増えているというのは言えますよね。

変わっていないところは、音楽に詳しかったり、興味はあるんだけども、意外とレコードとかCDを持っていない。昔も、来るお客さんで、話はするんだけど、何度もセックス・ピストルズばっかりリクエストしてくるやつに、「そんなに聴きたいなら、家で聴けばいいじゃん」って言うと「レコード持ってないから聴けないんだよね」って言うんだよね。そんな格好して、そんなにピストルズ好きで、レコード持っていないなんて。

昔からそうだったとは、驚きました。

そうですよ。ある意味、ディスコとかクラブに来る人って特殊なんですよね。アルバム全部じゃなくて、その曲だけ聴きたいってやつが多いんですよ。それはこっちにも責任があるんですけれども、同じ曲ばっかりかけているっていう。ただ、LP全部かけるわけにいかないので、1曲かけてみて、ウケのいい曲がマストアイテムみたいになって、クラシックで残ってしまうんですけれども。

実際にはクラッシュにしたって『アイ・フォート・ザ・ロウ』だとか『ロンドン・コーリング』だとか『ブラン・ニュー・キャデラック』だとか、かける曲がある程度決まってしまうじゃないですか。でもメンバーにしてみれば「もっと俺たち他に曲やってるよ」っていう言い分はあるだろうし、その辺のギャップはすごく難しい。

そうは言っても、例えばクラッシュを知らない人がそこでいいなと思ったら、買って聴いてみようと思うのが自然の流れですよね。

もちろんそういう人も当然いると思うよ。「さっきかけたのは何ですか?」って聞いてきたり、昔はよくいましたけれども、その人は買おうとしていたのかもしれないけど、でも全体的に言うと、曲しか知らないし、CDを持ってないっていう人が多い。基本的にディスコのお客ってそうなんだよね。その曲だけがかかっていて、踊れればいいみたいなのがあると思う。音楽ファンでレコードを買っている人もいると思うけど、少数派じゃないかな。

それには驚いています。〝ロンドンナイト〟のお客さんって、本当に音楽が好きな人たちしかいないんだろうと思っていました。

好きだろうけど、レコードを持っているかは別なんだよね(笑)。だから、君たちみたいな人たちは純正なんだよ。僕が思った通り、願ったり叶ったりのお客さんなんだけど、そういう人たちは意外と少ない。

逆にライヴに行くと、そのバンドしか見てないっていうのも多いでしょう。複数のバンドが出ていても、客が入れ替わるぐらいの勢いだから。でもその人たちは下手したら、同じレコードを3枚ぐらい持っているかもしれないんだよね。

アイドルのファンと変わらないですよね。

同じ、同じ。だからその間に、俺には計り知れない、ギャップがあるんだよね。意味のわからないギャップが。俺みたいにレコードを集めて、みんな驚くけど、自然に集まっちゃったわけだから。しかも、レコードって見ているだけで楽しいじゃないですか。この大きさで、ジャケットを見るのがいいでしょう。CDなんか4分の1くらいだからね。紙ジャケットで完全復刻とか言っても、大きさが復刻してないよって思っちゃうんだけど。

配信になると、それさえないですよね。

そうなんですよ。自然の流れで配信になっていくんだろうけど、配信に関しては便利だけど危ないっていうのが、もう音楽の危機なんですよ。もう個の問題ではなく、全体の問題。今あなたが言った通り、配信になるとまず、ジャケットはないし、アーティストも見えないし、音楽についてもわからないっていう、ないない尽くしで、あるのは音だけ。そうすると選ぶ基準って一体何なんだろうってことも考えちゃうわけ。ダウンロードで買う人たちは、どういう理由で選んだのかなって。どうして好きになったのかなっていうこと。

友だちが聴いているから、テレビのタイアップがあるから、CMや映画で使われたとか、大体それくらいなんだよ。そうすると、偶然出会ったからってことはあり得ないんだよ。でもレコードだとジャケットで気になるっていうことがあるでしょう。その偶然性が介在する余地が減っちゃうよね。それはちょっとつまらないなって自分では思うし、音楽との出会いで、未知との遭遇がなくなる。〝ロンドンナイト〟に行くとそういうのはいっぱいあると思うんだけど、みんな知らない曲だと反応が薄いっていう状況もあって。ＤＪ殺しとも言うんですけど、みんなシーンとしてしまって。

そうすると知っている曲しかかけられない。

悪循環ですよね。俺ぐらい神経が図太くなるとですね、フロアに誰もいなくなっても全然全く気にせず、我が道を行くので、自分の好きな曲を、カルメン・マキの『時には母のない子のように』みたいな暗い曲なんかも。

それで踊れというわけではないですよね……。

いや、踊れとは言わない。踊り場だけじゃなくて、社交場だから。サロンなので、音楽があってお喋りがあってお酒があって、そこでどういう行動をとるのかは各自の自己責任だけれども、暴れてはいけないのは当然なんだけれども、あとは自由に、お金を払ったぶん、楽しんでほしい。ＤＪは昔っぽい言い方をすると、空間プロデューサーみたいな、その空間を音で演出しますよっていう感じですよね。だから、いつもビートの高いテンションの曲をかけなくてもいいというのは、いつも僕が周りに言っていること。好きな曲をかけてもいいけど、お客さんを見なさいということと、ずっと踊らせなくていいからということ。でも、自己満足で終わってしまったら困るし、お客さんはお金を払って来ているわけだから、嫌だと思うような選曲はダメだよね。

今、大学生とかはちょうどダンスブームの世代で、「ロックで踊るっていうのがわからない」って言われたんです。ハウス・テクノで踊るイヴェントがまた凄い大盛況なんです。

知ってますよ。でも「面白いの？」って聴くと面白いとは思っていない。寝ている人が多いんですよ。数はすごくいるのに、みんな死人の状態になっていて。飽きるのに何で来てるのかって聞くと、「みんなが行くから」って言う。まあ、〃ロンドンナイト〃も最盛期の人が多かったときはそうだったし、流行ってるときはそうなんですよ。

ただ、〃ロンドンナイト〃の場合は色々な音楽がかかったんだけど、今のそういうのは他のものはかからないので、飽きてしまうよね。ＤＪひとりで下手すると90分ぐらいやっていて、長くないと自分を表現できないと言う。起承転結みたいなものは、もちろん俺たちにもあるけど、１曲が長いから。お客さんも好きな曲がかかったり、ビートさえ合えば、延々と踊っている。家で聴くというよりは、ああいう場所で聴く音楽だとは思うよね。

そういう音楽にケチをつけるつもりもないし、別にみんなが行くから行くという理由でもいいんだけど、それでいいのかなと思う。５年10年って経って、よく踊りに行っていたことは覚えていても、流れていた音楽は覚えてないってことになっちゃうよね。それでもいいって言うんなら、余計なおせっかいなんですけど。僕にとってはとても悲しいことなんですよ。「エルトン・ジョンの『クロコダイル・ロック』で踊ったよね！」って、そういう記憶を持ちたいと思う。

私はＣＤ世代なんですけど、ライナーノーツを読んで、またそこに出た名前のＣＤを探して、というような繋がりや、どんな風にこのＣＤを手に入れたかなど、音楽との出会いにドラマがあったと思うんです。今はそういう聴き方をあまりしなくなっている気がします。

今っていうか、もう随分と前から、ないですけどね。

そうですね（笑）。この前、大貫さんのクロスロードというイヴェントに行かせてもらって思ったのは、ここに来て音楽を聴くというのは、大貫さんのお話を聞いてそのドラマに自分を投影できて、違う聴き方ができるんじゃないかなということだったんです。

ありがとうございます。そういうことをやりたいんですよ。インターネットでも情報を配信するという形で、ライナーノーツのオリジナルのものを掲載して、レコードを紹介したり、リコメンデーションで疲れない程度の文章量で紹介したり、映像なんかも取り入れていくと、気に入ってもらえるものが増えていくかもしれないなと思っています。実際に音を聴かないと、いくら原稿で書いても、果たして書いたものを読んでレコード屋さんに行ってもらえるだろうかっていう不安がつきまとうんですよ。

私はすごく活字が好きですし、雑誌とラジオしかない環境で育ったので、文章があるだけでも行きますけど、一般的にはあまりないかもしれません。

僕もそうですよ。雑誌とラジオしかなかった。そうそう、音はラジオで確認して。それ、何年くらい前の話?

82年生まれで、東京にたまにライヴに見に行くような環境になるまでは、情報源はそのまま変わらずです。

子どもの頃から音楽が好きだったの? 小学生の頃から?

そうですね、もうずっと好きでしたね。

それで、学校でお話する人って何人ぐらいいたの?

音楽の話をする友だちはいなかったです。

いないでしょう。僕は51年生まれで、10歳ぐらいの頃って61年ぐらいじゃないですか。その後、ビートルズが出て、エレキでやられたみたいな感じなんだけど、それでも学校行って話ができるやつってひとりかふたりですよ。「ビートルズの新曲、昨日ラジオでかかったんだよ」なんて言っても「よかったね」って、うちのおふくろと同じ反応だと思ったりしてね。だから、こんなに時差がある僕とあなたが学校で同じ境遇なんですよ。

わたしは少しレアなタイプだとは思うんですけれども。

僕だって、だからレアなタイプですよ。周りには大貫は変わっている、音楽マニアだって言われてたんだから。

グループサウンズとかも、周りは聴いていなかったんですか。

同じですよ、ふたりか3人。だから意外と環境変わってないんですよ。僕の娘ぐらいのあなたが、学校で同じような境遇。たぶんこれ、あと50年経っても、もっと悪くなってるかもしれない。配信になってくると、買った音楽はデータだから、聴かないと思って削除しちゃったりすると、もう一生聴かなくなっちゃうよね、たぶん。残らないんだもんね。消失したらおしまいじゃないですか。レコードは聴かないものがあっても、残っている限りはいつ聴くかわからないから。20年後に聴くかもしれないもんね。

それってすごく大事ですよね。昔、ジャケ買いしたらよくなかったものとか、また聴いてみたら結構良かったりとか。

そういうのあるよね。そういうことをできるのが、今は僕らDJぐらいだよね。僕のDJは時間も越えて、国境も越えて、色々な頭の中に入っている記憶と感覚を頼りにDJをしていくわけだから。例えば、デヴィッド・ボウイの『ジギー・スターダスト』をかけて、デヴィット・ボウイだってわかる人と、なんだかよくわからないっていう人がいても、その場所で聴いていることだけは確かだから。いつかどこかで「聴いたことある」

「大貫さんがかけてたやつだ！」って場合もないことはないじゃないですか。そういうことをなるべく多く、機会をみんなに持ってもらいたいなと思って、色々な活動をしている。だから結局は、音楽が好きなんだよね。

今、野外フェルティヴァルが増えて、ロック・フェスティヴァルと言えるのかわからないフェスティヴァルもあるので、これからは下火になっていくのではないかと思っているのですが、このフェス・ブームについてはどうお考えですか。

フェスというのは海外にもあるし、もちろんあっていいものだとは思うけれども、ただ数が多いのはね、国内だけでも細かいものも含めれば100近くあるから。夏の数か月間はフェスに備えてツアーをしないバンドもいて、それが好ましいかどうかは今の段階ではわからないんだけれども、フェス自体はいいと思いますよ。ただ、音楽を聴かせる環境を作らないといけないかもしれないね。お祭りだからと言って、ずっとテントにいて食べたり飲んだりとか、普通に山とか川に行くついでに音楽が鳴っているという感じの人もいるみたいだけど、せっかくバンドが来ているんだから、音楽を聴いてほしいとは思う。音楽の聴き方は自由だけど、それは謎だな。そういう意味ではブームというものはいつか終わるだろうと思うね。

最後に、ANTHEMはカンパ制で運営をしているんです。まだ創刊したばかりですが、大変だなと思うと同時に、とにかく継続することが目標なんです。〝ロンドンナイト〟は最初、どうでしたか。

最初の頃の方が大変じゃなかったかな。ちょっとやってみようかなって思っただけだったから、責任感もそんなにないし。客がいなくてもそんなもんかと思ってた。軌道に乗ったらそれはそれでラクになったけど、ツバキハウスが終わったのが87年だったんで、その時に1回どうしようかなって思ったんだよね。やめるのか、やめないのか。でもお客さんで「やめないで」って言う人がいっぱいいたので、じゃあやるかっていうことで、ハコを探すっていうのがちょっと面倒くさかったんだけど、たまたま乗ってくれるところがあって、今日まで来てるっていう感じです。

逆に言うと80年代っていうのは、ロンドンからのニュー・ウェイヴ・ブーム、ロンドンという街に対する憧れとかも一緒になって、〝ロンドンナイト〟に来て、また他に似たようなイヴェントがそんなになかったし、クラブっていうのも出始めだったから、そういうところに人が集まった。だんだん状況が変わってきて、クラブが一般的に定着して、色々なところで色々なことが行われるようになったし、さらに携帯電話やパソコンというツールが発達することによって、昔はその場に行けば友だちに会えるという感じだったのが、今は電話してから「どうよ、様子は」って聞いて盛り上がってなかったらやめるとか、予め事前にチェックして出かける。それは賢いのかもしれないけど、そうすると盛り上がったところにしか人が行かなくなる。だけど、そういう盛り上がる場所も、長くても5年とかだから、短いと2～3年なので。

今は細分化されてるから、ＤＪセット置いてある店が多いんだよね。だから、その気になったら誰でもＤＪができちゃうんだよね。それはそれでいいんだけども、プロとして言わせてもらうとアマチュアのＤＪは所詮アマチュア。プロは技術とは別に、音楽に対する造詣、愛情、何よりも強い意思、プロフェッショナルだという意識、全てが違うので、そこは大貫憲章としては譲れないところです。アマチュアの人がダメだと言ってるわけじゃなくて、アマチュアとは違うということ。一緒にもやりますしね。下手なプロよりはずっといい。

下手なプロっていうのは今言ったことが全て欠けている人ですよ。リスペクトがない、自分の信念がない、音楽に詳しくもない、詳しくなろうという気持ちもない、愛情がない、お客様も見ない。そういう人はプロとして全然ダメなんで。ただ一部の音楽に詳しい、レコードいっぱい持ってるっていうだけの話。それだったらアマチュアで音楽好きで、こういうのやりたいっていう人と一緒にやったほうが、楽しい。セミプロぐらいの人たちと一緒にやったりするけど、面白いね。〝ロンドンナイト〟のこととかも、よく知ってるしね。「一緒にやるのが夢でした」みたいなことを言われたりすると嬉しいよね。そういう風に僕らの遺伝子みたいのが伝わっていけば、すごくいい感じになっていくと思うんだけども、少なくともそれしか方法がない。でも、なんだかんだ言って一番大事なのは口コミなんだよ。

本当にそう思います。

だから今日、君たちと会っているのは、メールでインタヴューするのと全然違うと思うよ。僕に会うでしょう。僕も君らに会っている。やっぱり、会っているっていうこの空気が大事だから。今僕が喋っている、君が聞いている、この感覚が大事なので、それがただの電話インタヴューとなるとそこまでのものはないから。だからなるべくこうやって来てもらって、来れない場合は俺の方から出かけるからって、全て実際会ってから。そうしないとやっぱりわからないところがあるんだよね。今日も、メールでも済むことかもしれないけど、話の間だとかこういう感じが君たちの中にどんどん入っていくし、僕も君たちの熱意みたいなものを感じるから。

ただのファンみたいなものですが……。

それはそれで嬉しいことですよ。今、〝ロンドンナイト〟も転機に来ていることは事実だけど、まだ必要とされているところはあるので、僕個人のものも含めて、ロックが幅を利かせるときまでがんばらなきゃいけないなとは思っています。君らもがんばってね。

ありがとうございます。ＡＮＴＨＥＭは有志で作っているフリーマガジンですし、私としても、自分がごく普通の音楽ファンのひとりだと思っているのですが、大貫さんの音楽ファンを増やしたいという思いに於いて、私たちや読者ができることは何でしょう。

それは同じだと思うね。同じような人たちを、自分たちで探すっていうことだよね。そして自分たちがやっていることを示す。これからは宣伝の時代とは言ったけど、チラシやネットもいいんだけど、やっぱり会うのが一番。だから君たちも……。これはどこで配っているの？

レコード屋さんです。

でもレコード屋さんって、だいぶ減っちゃっているよね。

そうですね。大貫さんのお話じゃないですけど、１軒１軒まわって、店員さんと話をして置いています。できれば、独立系のお店に置きたいですけど、今はあまりないですすね。

寂しいところだよね。だからね、「こういう本を作ってて、こういう音楽が好き」ってどんどん出していって、できることは全部やったほうがいいよ。俺もデジタルは全然わかんないんだよ、勘だもん。だけど、あるものは利用したほうがいいかなと思って、ツールとして使っているんだよ。スポンサーはどうするの？

スポンサーはつけないつもりです。

そうなの？　最初からそういう覚悟があるんだったら、それでいった方がいいよ。

３枚組でいくら、みたいなＣＤもあると思うんですけど、１曲単位で考えたら１００円ぐらいになってしまいますよね。価値として考えたとき、比例していないことに気づいたんです。モノは全て０円として、つまり、この本も無料だけれど、その人にとって価値があったときに初めて金額がつけられるものだと思って。商売として、やっているわけではないから言えることなのですが。まだ始めたばかりなので、わからないのですが、そのぶん、会いたい人に会ったり、話を聞いたりして自分たちが楽しむことは大事にしています。

今はまだ、とりあえず始めたばっかりだもんね、走ってるだけで大変だよね。それはもう同じだよ。僕らだって、ＤＪをやってても、今どの辺まで来たのかわからないし、まだ先は長いんだろうみたいなね。でも、何もやらないよりは楽しいから。やることがないって嫌じゃないですか。加藤和彦さん（ザ・フォーク・クルセダーズ）や今野雄二さん（音楽評論家）が自殺されたのも、やることがなくなって世の中に自分が必要とされなくなったっていう思い込みがあったみたいだから。

ミュージシャンや評論家の人がそう思ってしまう世の中なのが切ないです。

そうなんだよね。人と人との絆が薄くなっているのは事実だよね。60代、70代の人とかは特に、同世代の人が亡くなったりして、仲間も少なくなっていく。人に相談もできなくて、世の中はどんどん殺伐としているってことだよ。ダウンロードなんてはっきり言って、その象徴的なものだと思うけどね。ものさえ手に入ればいいっていう、その代わりに金払うよっていう感じで、それは俺の生きている上の美学に反するんだよ。やっぱり会話とか、みんなに会うこと、人と会って喋ることもすごく大事だし、人の前でＤＪをする、ラジオを通して、見えないけれどもお客さんを想定して喋ったりするのが僕の役目だと思うんで、これからもそれは続けていきたいと思います。だってまだまだ聴いていないレコードいっぱいありますから。言わなきゃいけないこといっぱいあるからね。

佐藤タイジ

１９６７年１月26日生まれ、徳島県出身。95年にシアターブルックとしてデビュー。長年に渡り、実力派バンドとして、業界内にもファンが多く、高い支持を集めています。シアターブルックを牽引しながら、東日本大震災後は太陽光エネルギーの力を訴え続け、ソーラー発電での武道館公演、野外フェスティヴァルを成功させました。現在も、自然エネルギーでライヴやレコーディング活動を行っています。

写真 ©POKO

特筆しておきたいのは、エネルギーの話題も出た、インタヴューの収録は２０１１年２月４日。震災が起こる１か月前でした。私がタイジさんの大ファンであり、〝いつか〟ではなく、〝今〟インタヴューしたい！　という動機だけで取材をオファー。感激の初対面でした。この号の発行予定日は３月12日。震災のため、一時延期となりましたが、今だからこそタイジさんの言葉を読んでほしいと、スタッフ一同で決断。間もなくして全国に配布され、日本列島が悲しみに包まれる中、多くの読者を励まし、勇気づけてくれたインタヴュー記事となりました。

私がシアターブルックを初めて知ったときは既に雑誌に取り上げられたりしていたのですが、そもそもどうやってお客さんが増えていったのですか。

ごく普通に。大体ライヴハウスにはノルマがあって、大学の授業には出ないで、チケットを捌きに行っていたみたいな感じでしたよ。

やっていくうちに、どんどんお客さんが増えていくんですか。

どんどんっていうわけではないんだけど、ある日のライヴで、いつも来てくれていた、もう友だちになったお客さんが踊り出すのよね、我々の演奏で。それはよく覚えてますね。「ちょっと今日踊ってたで！」「俺のギターで踊ってた！」「いや、俺のドラムで踊ってた！」とかそんな感じだったですね。

やっぱりお客さんが静かに聴いているより踊ってくれたほうが嬉しいですか。

うん。それはそうですね。ソロセットのときも、なんでバスドラを踏んでるかっていうと、立って踊ってほしいからなんですけど、弾き語りってなったらみんな座ってるっていうスタイルになってるのが、若干日本人の保守的でダメな部分って感じますね。

割とそういう静かなほうが多いですけどね。

それが日本の国民のいいところでもあり、悪いところでもありっていう風には思いますね。

いいところでもあるんですか。

お行儀がいいからいいじゃないですか。それはいいところじゃないですか。でも時にはバカっぷりが出てもええんちゃうかなとも思うんですけど、まあね、お行儀のいい日本人っていうのはいいと思うんですよ。だからやっぱり、もっと強要すればいいかもしれないですね、俺とかは。ドSな感じで、「上着脱いで立て」みたいな。

昔からそんな感じですか。

基本的には変わってないと思いますよ。フジロック（フェスティバル）以前と以降とは、少しノリが違うとは思うんやけど、それは野外に関する……。

お祭りみたいな開放感もあるんですかね。

あると思うんですよ。フェスに関してはみんな経験値が足りてるやん。日本人でもフジロックに行ってる子やったら、世界中どこのフェスに行ったってセーフはセーフやね、しかもお行儀がいい子ばっかりやから。そんなにとっちらかる子はいない。まあ、でもいるけどね（笑）。

たまたまかもしれないんですけど、私が高校生ぐらいの頃に台頭してきたアーティストが今も、40代ぐらいで皆さん最前線にいるのですが、若い世代のガッツが少し足りないのかなと、漠然とですが感じます。

いや、でもそれは感じます。黒猫チェルシーやOKAMOTO'Sとか、あの20歳ぐらいのバンドは面白いですね。今は「元気がない」とか、「覇気がない」とか言われているけど、俺たちのときは「やる気がない」とか言われていたような気がする。

経験と年齢を重ねて、培われていくものなんですね。

そうだと思いますよ。だんだん図太くなっていく。もちろんドロップアウトしていく人もおるし。でも代わりが利かへん人が必ずおるから。どの世代にも、必ずおる。代わりが利く人っていうのもおるんやけど。

代わりが利かない人だけが残る。

いや、そういう人は必ず残るだろうし、代わりができる人っていうのも必ず残るのよね。〝あいつ、なんでもできる〟っていう人。これはミュージシャン的な人かもしれないけど、どこに行ってもできるという人。

覚悟がある姿勢とか覚悟が伝わってくる音楽がタイジさんの魅力だと思うのですが、シアターブルックをお休みされていた2年を経て、それがより一層増した感じがしました。

そうかそうか。でもどんどん年をとるに従って、1日1日死に向かって歩んでいきよるなって実感はもちろんあるじゃないですか。俺、死ぬのは怖いけど、〝死〟は結構好きなんですよね、テーマとして。よくそういうことを考えるんやけど。どんどん死に向かっていって、どんどん他の仕事ができなくなるわけじゃないですか、時間が経てば経つほど。だから覚悟っていうか、俳優やりながら歌う人とかとは全然違う音楽になっていくよね。

最近、ライヴハウスの方に伺った話なんですけど、今の若い世代は音楽でご飯を食べるということを目標にしている人が多くて、数年後には違う好きなことでご飯を食べるようになっているんじゃないかと感じることがあるけれど、昔はこの人は音楽以外できないんじゃないかと感じるアーティストが多かったと言います。

そうかもしれないですね。ずっとやってる人も多いよね。

ゴールデン世代な気がします。

それはそうやと思う。俺の同い年は強力やもん。石野卓球、スガシカオ、田島貴男（オリジナル・ラブ）、F

ＰＭ（ファンタスティック・プラスティック・マシーン）、モンド・グロッソ、沖野修也、斉藤和義もやろ。

怒髪天の増子直純さんとかは。

ああ、タメや。

エレファントカシマシとか。

そうやそうや。

ミッシェル・ガン・エレファントとかは。

１コ下なんや。１コ下って、そんな変わらんけど。でも絶対ゴールデンやと思う。当時イヴェントとか、自分たちでやってたけど、ヒップホップが市民権を得そうなときやったし、所謂パーティーみたいなものも出だす時期なわけやん。いろんなジャンルがぐちゃーっとなってたわけなんよね。面白いからという理由で、一緒にイヴェントをやってたわけよね。それから何年か経って、ヒップホップはヒップホップ、４つ打ちは４つ打ち、ロックはロックってキレイに分かれてるといえば分かれているんだけど、当時は確かにぐちゃーっとマーブル柄になってたよね。

垣根がない時代。

垣根ができていない時代と言うのかな。垣根を作ろうとしてたのかもしれない。メディア側は垣根を作ろうと努力してたんちゃう。演者のほうからしたら別にええやん。

今はみんな細分化して、ジャンルを分けたがるじゃないですか。

うん、好きだよね。情報として分けたがるんだよね。俺はレコード屋さんでずっとバイトしてたから。ジャンル分けはされていたほうが買いやすいやんか。

自分の家もそうですね。あ、いや私はA、B、Cで分けてるな。

俺はA、B、Cって分けてるところと、ジャンルで分けてるところがあるんや。クラブとジャズは分けるし、ワールドミュージックは地域ごと。

売ったり、買ったりする部分では、細分化って機能はするんだろうけど、あんまり細かく分けないほうがいい場合もあるだろうなとは思う。

私、よく「いずれ、ワールドミュージックを好きになるときがくる」って言われるんですけど、そのワールドミュージックていうのが……。

よくわからん。あれは90年代以降の呼び名だからね。どの音楽も、ワールドミュージックといえばワールドミュージックだし、不思議議なカテゴライズやね。

演奏する側としては、ジャンルで音楽を捉えてないから、やりたいようにやってきただけだし、90年代もミクスチャーと言ってみたり、ブラックロックと言ってみたり、そういう時代だったわけじゃん。でもそういういろんなジャンルがごちゃ混ぜになって、1個の個性になっているバンドとか好きだったよね。レニー・クラヴィッツとかも好きやったし。

シアターブルックもそういうイメージです。

完全にそうですよ。

サンパウロも無国籍な感じがしますし。

そういうのが好きでしたよね。DJがバンドに入ったのも、たぶんシアターブルックが一番最初だったし。ドラゴン・アッシュが成功したから、それはそれでいいかと思うけど。

結構、そういう展開になるとは、ビックリしましたけど。

でも彼ら、絶対シアタープブルック好きやろ。シアタープブルックを見て育つっていう。そういう連中、いっぱいいると思うよ。

95年にタイジさんが〝音楽がもっと純粋になっていって、少しずつ価値観が変わっていって、お互いの責任を分け合うようになってくれれば理想に近づいていく〟とおっしゃっていて、すごく印象的で今でもグッとくるんですけど、今もそうなってはいないんでしょうか。

ええこと言ってるなあ。まあでも、今もなっていないやろうね。音楽は世界を変えると思っとったんやけど、全然変わってへんからな。

まだ変わると、私は思っています。

うん、いや全然、何やろ……。残された仕事は大きいですよ。しかも今の日本がだいぶおかしなことになっとるからね。だから〝手伝おうか？〟とか思うよね。なんやったら政府とかにね。〝なんかアイディアあるよ、俺〟みたいな。政治家にはならないけど。

でも政治よりも音楽のほうが力が強い場合もありますよね。

あるよね、メディアとしてね。手っ取り早いメディアなんよ。まとまりやすい。コミュニケーションも手っ取り早いんだよね、音楽は。今、戦後の日本っていう曲がり角を曲がったところなんやね。もう曲がったんや、もう戦後じゃないんよね。だからこの先、50年先の日本っていう国、もうそろそろ日本じゃなくてもいいのかもしれないけど、50年先を見据えてどうやっていきますか、みたいな。みんなが幸せに生活するために、どうやっていきますかっていう長いヴィジョンが少ないんよね。そこに向かってキュッと、縦パスが少ない。横にばっかりパスしてるの。ザッケローニ（当時のサッカー日本代表監督）は俺、大好きなのね。ゴールせなあかん。縦に向かって走らんと意味がない、長友（佑都選手）のように。

今、日本はどこにゴールがあるか見えてない。設定してないんよ。設定すりゃええの。別に憲法変える必要もないやろうし、変えてもええし、どっちでもええと思う。要は50年先のどこにゴールを置くんやっていうところで、世界制覇したいのか、国境をなくしたいのか、独自のヴィジョンが持ててないんよね。だから菅さん（菅直人、当時の首相）とかは、ザッケローニに教えてもらったほうがええの。サッカーとか分かりやすいよね、ゴールがあるから。ゴールを設定して、そこへ向かって縦パスを送ればええわけやん。

意外とシンプルなことですね。

そうそう。ゴールが見えてへんから、ゴールに向かってない。

一般市民が〝そうなのか〟と思ったときに、できることは何でしょうか。

ゴールはどこなのかっていうことを議論することなんちゃう？　みんな、幸せになりたいわけやん。ひとりひとりが何を持って気持ちええと思うかは千差万別あるわけやんか。例えば、シアターブルックのお客さんっていうのは、たぶん一定の価値観があると思うのよ。意外と好きな映画が被ってたりとか、意外と好きな俳優が被ってたりとか、あれってたぶんコミュニティだと思うのよ。そういうコミュニティの意見をどーんとまとめて1回出すとか、そういう風になっていってもええんちゃうんかなとは思うな。もうちょっとやかましくていいんだよね。うるさく言ったほうがいいと思うんだよ、俺はね。

意見を主張しないのが日本人ですよね。

うん。みんなが主張しないから見えてこないところがあるよね。エジプト（政変）でずっとやってるやんか。あれとか今後どうなるかとかわからんやん。ずっと石油に頼り続ける社会であり続けるのか、それがダメで原子力を使うのか、でもそれはリスクが高すぎる、じゃあそのエネルギーに関する話とかさ。食料に関する話とかさ。

曲がり角は去年、一昨年あたりに曲がっとるんよね。世界中が曲がったやん。曲がったあとに世界中がぐらぐらっとしてるやん。俺は、（ジョージ・W・）ブッシュじゃなくてよかったと思うのよ。ブッシュのまんまやったら第三次世界大戦ですよ。イスラム対キリスト教、何年やんの、それって。イスラエルはパレスチナを虐めるっていう、ずっとその図式なわけやん。その図式で食ってるやつがいるわけでしょ。ちょっと今、それを変えようとしてるやん。それはええと思うのよ。

俺は無宗教だから。というか宗教より音楽のほうが絶対ええって思ってるわけ。宗教で戦争になることはあっても、音楽で戦争になったことはないから。日本がええのは政治と宗教を切り離してるやん。それはこの国、大成功しているわけや。俺、そこは素晴らしいと思う、実は。戦争になるネタを避けてるわけやん。

音楽と宗教って同じような類なんでしょうか。

ニュアンスは少し近いやんか。でも音楽で戦争にはならないからね。〝ボブ・ディランだ、いやニール・ヤングだ〟って戦争にはならんやん。なりそうでならない。

たまに議論して喧嘩っぽくなりますけど。

あ、それはあるで、居酒屋とかで。

でも戦争にはならないですね。

うん、そうそう。そこが音楽のええところや。

音楽も宗教も人の価値観を変えることはできるのかな、宗教のことはよくわからないですけど。

でもそうなんちゃう？　俺はもう完全に変えられたし、育てられたところがあるから。ロックスターが正義の味方やと思ってるし。

私もそう思います。

俺も全然そう思うな。そうであってほしいし。俺とかはがんばらなあかんなって思ってるわけ。

武道館。

そうそう。それと最近、よく考えるのは、死ぬときはシュッと死ぬ。1年かけて死ぬとかはしない。他人に迷惑をかけない。それがテーマやね。

病気になっても、粘って生きるみたいなのではなく。

友だちで長生きする予定だったのに、シュッと死んだやつがおるわけ。あいつ、シュッと死のうとして、死んだなって思う。人間はな、思った通りにできるんや。苦しくても、もっと生きたいと思う人は生きられるし、シュッと死にたいと思ったらそうなる。

でも、みんなの夢を背負ってるから、1日でも長く。

もちろん長生きはするんやけど、死ぬときはシュッと死ぬよ。

タイジさんも最初はただ音楽を好きで聴いていたと思うのですが、それから音楽の力を感じた瞬間っていうのがあったと思うんですけど、何かエピソードはありますか。

よく覚えてるのは、6つ上のお姉ちゃんがいるんだけど、ビートルズが好きで、ステレオを買ってもらう前の話かな。ラジオの番組を録音とかするやんか。姉ちゃんがビートルズの番組を録音してくれてて、ある日俺が風邪で熱出して休んだ日に枕元に〝タイジ、これ聴いとき〟ってカセットで、録音しててくれたわけ。それが『#9ドリーム（夢の夢）』って歌があるやんか、ジョン・レノンの。ふわっとしてるやん、あの曲。熱が出てるからとても気持ちよくて、ああこの曲いいな、気持ちいいなって。でもビートルズには入ってないやん、ジョンやから。それで、だいぶ高校も卒業したあとにジョンのアルバムに入ってて〝これだ！〟って気がついたときは嬉しかったよね。ってそういう話じゃないよね、そうやないねん。（笑）。でもやっぱりバンドやったことかもよ。バンドを組んでみたっていうのが。

私は自分で一度も楽器をやろうとは思ったことがなかったんですけど、どうしてやってみようと思ったのでしょうか。

それはソフト部のヤツに誘われたんだよね。通ってた中学校は頭がよくって、本当に頭のいい子がおるわけ。180人おるんやけど上のほうの20～30人は東大みたいな感じなわけ。どんだけ勉強しても30番以内には入れないわけよ。こいつらには勉強では勝てねえわと、早めに気づいたんだよね。勉強ではダメなので、それ以外やと思ってバスケットとかやってみても、背が高いやつが有利やん。そんなに背が高いわけじゃないから、ダメかと。ほんで音楽やったら意外と、〝あれ？　俺、これいけるんちゃう？〟みたいな。〝うまいんちゃう？〟みたいな。

すっごい練習したんですか。

弾くのが楽しかったからね。今でも弾くのは楽しいから。周りを見わたすと俺よりうまいやつがいない。〝これ、いけるんちゃう？〟って早めに知るっていう。でも、そこの思い込みちゃう？

思い込み、大事ですか。

思い込みは大事。これやったら負ける気がせえへんわっていう感じ（笑）。

私も思い込みでやってますけど、時々、不安になります。

いやいや、それはええよ。不安になるときはある、全然。だけど負ける気がしないっていう瞬間が多けりゃ多いほど、前進はするよね、そっちに向かって。結果がどうあろうと別にええで。ザッケローニも言ってたがな、〝成功は約束はされへんけど、成長は約束されとる〟。素晴らしい。成長はする。

タイジさんが２００９年に世界が変わると、シアターブルックも復活しましたが、私は２０１０年にメディアの形が変わり始めると思っていて、メジャーの大きな商業的メディアに対して、私なりのメディアのあり方みたいなものを考えているんですけど。

仕事って言うやんか。仕事ってなんぞや。仕事の定義。ライヴの現場とか、ずっと仲間内でやってるわけやんか。でもどっかで仕事なわけやん。そこで、誰かが誰かに「今日仕事で来てるんだもんね」とか言うのを俺が近くで聞いていたら、ちょっと待てよと思うわけ。この人と俺とは仕事っていうのが違うねんなとは思ったりするねんけど。

賃金をもらう代わりに労働力を提供するっていうのが仕事の定義だと言う人が大半な気がします。自分の中ではそういうイメージがなくて。

そうやねん。仕事っていうのは何かを動かすことなんちゃうかなって思うのよね。動かす対象が誰かの心だったりとか。対価を得て稼ぐっていうのは作業。作業と仕事っていうのは違う。

音楽はさらに難しいですよね。音楽を仕事にするか、しないかってよく言うじゃないですか。仕事にするって言葉にされると違和感を感じるんですけど、仕事にしないということで趣味というわけでもないし。

そこは難しいよね。安売りしたらあかんなと思うし、金にするために仕事をするというのも違う。だからひとりひとり、仕事っていうものは違うんだよね。最近プロデュースとかもするようになったから、このシンガーの子が世の中で機能するように、みたいなことは考えるようになるよね。機能してほしいとも思うし。俺がプロデュースをすることになったのも、何かの縁やし、とも思う。

ヒットチャートとか見てると、イラッとするよね。

私はもう見ないですね。

見ないですよね。日本人って割と取り入れることが得意だとされているけど、いろんな価値観に対する寛容さがあるかと言ったら、決してそうでもないなと思うんだよね。取り入れるのは上手だけど、排他的なところもやっぱりあるんだよね。そういう排他的なところは好きじゃないな。全部そうじゃなくてええやんって思うし、いろんな種類の音楽があるにも関わらず、みたいなところがあるやんか。

みんな音楽聴かないなって思いますか。

どうやろ。周りはみんな音楽をチェックする人やけど。でもフジロックは音楽というカルチャーに対して、大きな一石を投じたと思うけどね。フジロック賛成派やから、俺は。

若い子たちとセッションに行ったときに、クオリティは下がってるなって感じた。俺が感じるんやから、もっと上の世代はさらに感じると思う。例えば、レコード会社がアイドルの子たちを売り出して金儲けするのは構わんけど、クオリティが下がることはこの国のカルチャーが舐められることになるやんか。日本のポップスはダサイって思われたら、俺は嫌なんよ。

だから俺が一瞬考えたのは、クオリティ・キープ委員会みたいなものを作って、クオリティが低いものをつくったアレンジャーとかにダメ出しをしに行くっていう。レッドカード出す、みたいなね。

誰かがそういうことを言わないといけませんよね。

どこかで世代間断絶みたいなものはあるのよ。どの国もあると思うけど。でも俺は、年下とも年上とも仲よくできるタイプやから、年下の子たちがそういうものを作っていたら、どうしてあげたらいいんやろって思うやんか。

世代間の風通しって、そんなにはよくない。俺とかは人懐っこいから、どこにでも顔を出しに行くんやけど、みんながみんなそうではないわけやんか。だからそういうものがあればいいんじゃないかなと。

音楽だけではなくて、全体的にクオリティが下がってきていますよね。

全部がコンピュータになったやん。パソコンでやるようになった。移り変わりのときって、10年以上前か、音質が急に悪くなったりとかしたよね。

紙媒体もインターネットに移行したり。先日、大学で講義をしたんですけど、学生に雑誌を読まない理由を尋ねていたら、「すぐに若者が活字を読まないとか言われるけど、単純に面白くないからっていうところを考えるべきなんじゃないか」と。何でも受け手の責任にする姿勢が伝わってるんですよね。

なるほどね。音楽ならさ、歌のトラックをオートチューンっていう音程を機械的に調整できるものが90年代ぐらいから使われてるんだけど、もう歌えなくても大丈夫なのよ。言葉さえ合ってれば大丈夫っていう時代なのよ。

〝違法ダウンロードのせいで音楽が売れなくなりました〟とか言ってるけど違うよ、と。ユーザーも嘘つけば、作り手も嘘ついてて、両方が嘘のつき合いしてるから、そんな嘘ばっかりものは売れなくなるわと言ってるわけ。当然なわけやん。だからＣＤは売れなくなってるけど、ライヴの動員は減ってないっていうのはいいことだとは思うんだよね。

その辺は似てるかもしれないよね。紙が売れなくなったのは、嘘ついてるやつがいっぱいいるっていうことでしょ。

でも違法ダウンロードしてる人って音楽すごい聴いてる人ですよね。

そうそう。漁ってるやつや。

お金があったらレコード店を丸ごと買いたいですけど、ないから選んで買うし、試聴機で聴いたりするのと同じような感覚だとしたら、悪いことなのはわかってるんですけど、そこを規制するっていうのも考えてしまいます。

そうやなあ。インターネットはね、話を便利にした部分もあるんだけど、俺からすると話をやっかいにしただけで、実は能動的にインターネットって、あんまり好きじゃないんだよね。っていうかむしろ嫌い。必要なメールぐらいはするけど、ほとんど使わない。

映画『ソーシャル・ネットワーク』を見てきた。最終的には後味が悪かったんだよね。知らなかったんだけど、フェイスブックにナップスターのやつが入ってて、色々と入れ知恵をしているわけよ。デカくなるときって必ず、そういうやつが関わるわけやん。

それで、今回のチュニジアとかエジプトって、フェイスブックがやった革命やろ。責任取れるのかなって思って。取れるわけねえじゃん。なるだけ人が死なないようにする努力を、彼らはせねばならないだろうなって思ってるわけなんやけど。フェイスブックが火をつけたみたいになってるわけやん。あれで最終的にアラブとキリスト教がまた揉めて、とかっていう風にならないように彼らには立ち回ってほしいなとは思うね。そこが責任なわけやん。火をつけてしまったのはもうつけてしまってるから消さんでもええけど、大火事にならないように彼らは努力せなあかんのちゃうのかなと。そんだけ金作ったんやったらね。

結局、火をつけたことで自分たちにお金が入ってくるわけですからね。

うん、武器作ってるのと同じことやからね。彼らはどう考えても責任を負わなければならないだろうとは思うね。だからインターネットってさ、基本的に無責任やん。無責任でいられるからこれだけ広まってるわけや。今回のチュニジアとかもみんな無責任になっとるわけよ。あれは単なる無政府状態なの。

私たちもインターネットは活用していて、普通だったら出会えない地方のレコード店の方に出会えたり、メリットはあるんです。でもネットが広がるにつれて、関係が希薄になってきている気もします。だけどもう止められない。

誰にも止められないよね。俺が自分の本を出したときに、ちょうどｉＰａｄと時期が一緒で、出版社の人は電子書籍の話で「これから全部、紙はなくなるんですよ」って言うんだけど、紙はなくならないですよ。全部がデータ化するのがいいことかと言ったら決してそんなことないから。

人類のこれまでの５千年ぐらいの歴史があるわけやんか。紙に残ってるものもあれば、石に残ってるものもあり、それを全部データ化して、こんなに小さくなりました。そして、人類が滅びました。でも新しい人類みたいのが、また出てきて確認するのに、こういうカルチャーになっているかどうかもわからんわけやん。残すって、感覚やったら実物じゃないと意味がないと思うねん、俺は。形のあるもので残さないと、結局は意味を成さないのではないのかなと。全部が全部、データみたいなところでコミュニケーションがとれるかって言ったら、それはとっても一部だと思う。そこであんまり、奢ることなかれ、人類よ！みたいなところは思うよね。

なんか閉塞感みたいのありますよね。

ありますよね。全部が軽くてちっちゃく薄くてってなってるわけで、軽薄短小。

それでもライヴに人が集まるとかっていうのは、みんな寂しいんですかね。

どっかで絶対みんなバランスをとりたいだろうし、そんな軽薄短小なもんばっかりで自分の生活が埋め尽くされてたら、どっかでさ、重くて分厚くって、長くて大きいみたいなものをリアルに体感することで、人類はバランスを取れるのではないかと。

俺、最近読んだ本でさ、ブラジルの田舎のほうに、鉱山を開けて金持ちになった人がジャングルの中に、美術館みたいな、世界中のアーティストにインスタレーションをやってもらってるエリアがあって、面白いんだよね、そこ。

一般の人が行って入れるところなんですか。

全然入れる、遠いけど。なんか大きなエリアに生乾きのコンクリートの50メートルぐらい上から鉄の棒をいっぱい落とすわけ。ぐさぐさって刺さるわけやんか。巨大な鉄の棒が、5メートルぐらいの。ランダムに落っことしていくわけよ。とかいうだけのやつとかが展示してある。

それは野生的ですね。

そう。あとジャングルの中に2本ぐらいのマストがある4トンぐらいのヨットを、逆さにぐさって刺してるとか、割とダイナミックで、いいなあと。やっぱりね、どんどんダイナミックにやったほうがいいですね。アーティストはダイナミックに。ちっちゃくならないで。

みんな豪快に行動力を持ったほうが。

いいと思います。やるときゃやる。なるだけ、大きいことをしたほうがバランスはとりやすいです。大きい仕事がしたい。例えば、俺は武道館をやり遂げるっていうのはひとつの大仕事。

それをやってしまって、燃え尽き症候群みたいなことにはならないですよね。

他にもある。サンパウロも考えていて、次は映像と音楽の作品にせねばならんと思って。ケミカル・ブラザーズの新しいの（『時空たちの彼方へ』２０１０年）とか見た？

見てないです。

見たほうがいいよ、素晴らしいですよ。ＣＤとＤＶＤになってて、ＤＶＤの映像がこれ凄いなって、美しいですよ。これ、いくらかかってんだろうなっていうぐらい巨大なんですよ、仕事が。巨大な仕事を目指していかないとつまらない。

シアターブルックみたいな本物のバンドが日本武道館でやるって、音楽が好きな人にとっても夢みたいなことですね。

でしょ？　割とシアターブルックの武道館って、「難しいと思います」とか言う人もいるんだけど、結構集まると思うんだよ。

嬉しいです。

今、考えてるのは、マヤ文明のマヤ暦の世界が終わるという最後の日に、シアターブルックの武道館公演を設定しようと思ってる。

シアターブルックが好きって、私はステイタスなんで。

えっ。あ、そうなの？

シアターブルックが好きって言ったら、〝おっ！〟てなるじゃないですか。

なりますよね。マニアックなネームやもんね。

マニアックじゃないと思いますけど、メジャーですけど。

そう？　でも所謂、ポップスとは違うところにあるわけやんか。

おっ、センスいいなってなりますよね。いや、1回見たら〝すげえ！〟って絶対なるんで、そういう人たちが武道館に集結したらいいな。

楽しいよね。俺は絶対、これは武道館やらなければいけないですよ。

ハヤシムネマサ

写真 ©POKO

１９７３年１月28日生まれ、東京都出身。97年にペンパルズとしてデビュー。デビュー曲からテレビ番組のタイアップがつくなど、スマッシュヒットが多かったが、ライヴで確実に集客を増やし、人気バンドに成長。２００５年に解散後は、リヴァースロウを経て、２００７年にはＮＡＣＡＮＯを結成。海外のチャートにランクインするなど、国外でも支持されています。

ペンパルズ時代からファンである私たちは、現在のＮＡＣＡＮＯでの音楽にもすっかり魅了されており、東日本大震災後、初のインタヴューは２０１１年６月14日に行われました。ミュージシャンとしてだけではなく、人として、悲しみや苦しみを乗り越えるような重みのある言葉を伺うことができ、あまりにも大きな災害に右往左往していた多くの人の心に伝わりました。過去、現在、未来、すべてに於いて、なんでも気さくに話してくださったので、つい予定していなかった質問を次々とぶつけてしまい、長いインタヴューとなりましたが、最後まで快くお話を聞かせてくださいました。

最初に音楽を始めたきっかけを教えてください。

遡るね。それはもうみんなと一緒だよ。あ、でも今に至って一番大事なのは、俺は小学校低学年の時から、洋楽しか聴いていなかったのね。その頃って、日本がバブル前夜ぐらいの時期だったから、友だちのお父さんで海外出張とか海外への単身赴任とかが多かったのよ。例えば、一流企業のサラリーマンとかでさ。ちょうど、マンションに住んでいる友だちのお父さんが、優秀なサラリーマンで、ずっと海外に行っていて、日本に戻ってくるたびに、マイケル・ジャクソンのPVとか、そういうものを買って帰ってきてくれて。子どもの頃って、誰かの家に集まってお食事とかあるじゃない、休みの日とか。そういうときに見せてくれてた。

小学校5年生ぐらいになると、学校で帰国子女クラスがあったんだけど、その子たちと仲よくなって。俺も普通にテレビ番組とかで、キョンキョン（小泉今日子）とか、そういうのは聴いてたけど、それと同じようにその子たちはチープ・トリックとかカーズとかを聴いているわけよ。

なるほど、向こうでは普通ですよね。

そうそう、同じことでしょ。俺たちが、テレビでサザンオールスターズを聴いてたのと同じことじゃん。テレビ番組に出ているわけでしょ。そういう子たちがいっぱいいたから、その子たちが聴いている音楽に影響を受けて、自分でも自発的に洋楽を聴くようになった。

そこから実際に自分でもやってみたいという気持ちになった。

なんか楽器やりたいっていう、それが普通の流れじゃん。

ならなかったんですけど……。

本当に？　でも、みんな、なんかやりたいなって思うじゃん。男の子は大体エレキだと思うんだけど、中学校1年生のときに買ったのかな。

それで、音楽でやっていきたいと思うようになったんですか。

それ、すごい聞かれるんだよね。でもね、そういう感じは1回もない。

自然とそうなってた感じ。

うん。プロのミュージシャンになろうって思ったこと、自覚してその道を選ぼうと思ったことは一度もない。偶然、その場その場のタイミングで、何かを選んだら、そうなっちゃった。

ペンパルズでデビューしたのって、おいくつのときですか。

アルバムを出したのは24歳かな。結成したのが23歳のときで、その前にスターワゴンっていうバンドがあったんだけど、ペンパルズの3人にヴォーカルひとりを加えた形で。そのバンドでも一度メジャーデビューしてるのね。それは20歳で、まだ大学生だった。それはもう、流れでそうなっただけ。つまり、そういう流れにあったバンドに、俺は後から入った。大学生だったし、でも就職するわけでもなく、大学院に行ったし、暇だからいいやって（笑）。

でも、ペンパルズでメジャーデビューをするっていう環境になったら、プロになるって段階になれば夢とかそういうのもありそうじゃないですか。

本当に、俺はそのとき学生だったからね。双子は普通に仕事していて。

双子（笑）。

上条（欽也）くんは普通に仕事していてサラリーマンだったし、盛也さんもそうだったし、ペンパルズのデビュー自体がこっちからデモテープ送ってどうこうとかじゃなくて、自然に決まっちゃったのね。

お客さんが多かったですもん。

そうだったっけ。確か、前のバンドを解散して、ペンパルズになって、デビューするまで、1年も経ってないよ。でも前のバンドを解散するあたりから、最初のレコード会社のディレクターとかが目をつけてて、デビューに導いてくれたんだけど、みんな仕事もあったし、俺も学生だったから、メインでやっていこうとは思ってなかったんだよ。

それに事務所もついていなかった。だから、普段の生活も一切管理されていなかったし、最初はレコード会社からも給料をもらってなかった。むしろ、いらないって言ったんだよね、自分たちでやりたいから。それで、事務所もいらないって言った。

当時だと珍しいですよね。

珍しいね。だから、俺たちはすごく、言い方は悪いけど、周りの、いかにもメジャーっていうバンドのことをちょっと小馬鹿にしてたんだよ。デビューして1年目のバンドは、イヴェントとかに呼ばれるじゃない、ショウケースとか。みんな、楽屋でマネージャーが「今日、がんばろうぜ!」的なことをやってるんだよ。楽屋でもマネージャー同士がバチバチしてて、〝あいつらには負けるな〟的な感じだったりしてさ。

俺たちはバップっていう大きな会社だったから、当時では珍しく、各地に営業所みたいなのがきちんとあるレコード会社で、そういう意味では営業所のスタッフが来て色々やってくれた。でも事務所のマネージャーじゃないから、世話焼いてくれるわけじゃないから、水とかも自分たちで買ってた。まわりは「これ、ステージドリンク!」とか言ってて、「かっこわりーな、あいつら!」とかってMCでも言ってたんだよ。

だからデビュー1年目のバンドで全国ツアーするみたいなイヴェントがあったんだけど、結局楽屋でも誰とも友だちになれなかった。

馴染めなかったんですね。

「楽屋とかつまんねー」とかってMCで言いまくって、「でも今日のライヴはお前らがいるから、俺はすげー楽しい。ありがとう！」みたいに言うと、客席がどっかーんとなったり。逆にそれを売りにしてた。

でも、わかる。当時、メジャーみたいなものをダサイって思っていて、ハヤシさんの気持ちのほうが近かったから。

でも、すごく嫌われてたと思うんだ、俺（笑）。

でも、すごいビッグバンドになったじゃないですか。

そうなのかな。ライヴのお客さんが多かったってぐらいで。いい時期だったというのもあるよね。あんなに適当にやってたのに、ＣＤも売れたしさ。

みんな、大好きだったの。趣味が合わない友だちも、ペンパルズはみんな大好き。ひとつになれたというか、すごく楽しかった。

だから、ちゃんとプロとしてやらなくちゃと思い始めたのは、それだよね。印税って3か月に1回ぐらい入ってくるんだけど、そんなの全く気にしたことなくて、その頃はさすがに忙しかったから、ひとり暮らししていたんだけど、家賃が払えればいいやっていうぐらいだったし、ツアーばっかりでお金を使うこともなかったのね。

だけど、あるとき、銀行の残高を見たときに驚いて。俺、こんなに稼いでるんだったら、ちゃんとしなきゃって、その辺りだね。

　ということは、金銭感覚は庶民的なままでやってたんですね。

お金をもらってるっていう感覚がずっとなかった。事務所ができたのも、ずっと後のことで、『ライト・ナウ』ぐらいまではなかったんだよ。

　事務所ができて、環境は変わりましたか。

事務所もペンパルズのために、個人事務所を作ってもらったから、何の縛りもなく自由だった。

　その頃にはツアーを一緒にまわったりする仲よくなれたバンドはいるんですよね。

いるいる。でもインディーズでやってるバンドのほうが仲よかったかもしれない。ヤングパンチとかスネイル・ランプ、プリ・スクールとか。

〝Pナイト〟ですね。

Pのつく人たちとは仲が良かったね（笑）。

じゃあ、若いバンドにアドヴァイスって特にないですか。

ないね。でも、何組か事務所にデモテープとか送ってくる子とかいて、みんな忙しいから聴かないで置きっぱなしなんだけど、遊びに行ったときに、俺は面白いから片っ端から聴いたんだよね。いくつか気になった子がいて、会ったりもしたんだけど、みんなそこなのよ。「メジャーデビューするにはどうしたらいいですか」って聞いてくる。

私もそれには違和感があるんです。目標はそこなの？　って思う。

だからそういうときは、徹底的に大人の現実を叩きつけてやって、それでもよければがんばろうって（笑）。メジャーデビューしたら、給料がもらえると思ってるかもしれないけど、給料っていうのはレコード会社が事務所にアーティスト育成費として、例えば1年間1千万円を払うとすると、半分以上は事務所がツアーやライヴの経費として使う。メンバー3人だったら、ひとり年間200万にも満たないし、月に10万ちょっとしかもらえないんだよっていう話。契約によっては、それは借金になることもある。

こわい（笑）。なるほど、やっぱり音楽でご飯を食べたいっていう目標を持つ人が多いみたいですね。

それは大事だと思うんだけど、まずそういう話をされることが多かった。だから、そういうときはストレートに言っちゃったよ。

ハヤシさんがプロとしてちゃんとやろうって思ったと言っていましたが、それまでもちゃんとやってなかったわけじゃないと思うんですけど、どういう意識の変化だったんでしょう。

なんだろう。結局、大学院も卒業できなかったんだけど、25歳ぐらいまでは学生の立場だったから、職業欄にも〝学生〟って書いてた。でも、残高見て初めてってわけではないんだけど、その辺りから、職業は個人事業主なんだ、ミュージシャンなんだっていうね。全くアーティスティックな話ではないんだけど。

もちろん、それまでだってライヴに来てくれる、CDを買ってくれる人に対して、ありがたいって思ってたよ。でも具体的に自分たちにとって、どういうものになって入ってきているのかってことがわかるわけじゃないですか。意識するわけじゃないですか。そこで、やり方を変えるとか、そういう話じゃないけど、自分っていうのがどういう立場にいる人間なのかという自覚が出たっていうことだよね。

最近、一晩だけペンパルズを再結成したじゃないですか。どういう経緯で、そうなったんですか。

事務所の10周年。今は基本的には動いてないんだけど、他で仕事をやっている人が、ペンパルズが好きでやってくれた事務所だから。本当は去年が10周年だったけど、タイミングが合わなくてできなかった。年越しちゃったけど、俺たちも結成して15周年だったし、ババメイニアもそうだったから、それでやろうっていう話になった。

解散してからこれまで、ずっとなかったじゃないですか。またペンパルズの曲をやるって、どういう気持ちなんでしょう。お客さんはすごい盛り上がりでしたよ。気持ちを持って楽しんでいるように見えました。

一歩引いて、客観的に見て、客観的にプレイしている。楽しいんだけど、自分のバンドを自分でコピーしている感覚に近いかな。こんな簡単なことやってたんだ、物足りないって思った。

ハヤシさん、進化し続けてますからね。

当時は簡単も何も、ベースなんて弾いてなかったからね、それもどうかと思うけど。だから本当にいい意味で感傷もなかったし、自分でも振り返りながらできたかな。

ハヤシさんって、冷静なんですね。

そうだね。冷静っていうか、基本的に冷めてるんだよ。熱しやすく、冷めやすいという超典型。でも音楽はここまで続いてるから、そうでもないんだろうけど、基本的には冷めてる。

ステージ見てて、そんな感じには見えなかったな。

もちろん、楽しかったですよ。でもなんか、“俺、またペンパルズやってるぜ！”っていうのはなかった。

では、そろそろ現在のバンド、NACANOにお話を移します。最初にメンバーを聞いたとき、個人的には「おお！」って感じになったんですけど、それまでにリヴァースローもやっていましたが、NACANOはどんな風に集まったんですか。

基本的にはみんな、10年来の知り合いなので、ユージン（ギター）はよく一緒に遊んでいたし。こういう音楽の完成形があって、このメンバーを集めたっていうことよりも、この5人でバンドをやったら面白いかな、みたいな感じだった。

そのとき、手元にデモテープがあったから、一緒に演奏してもらえないかってひとりひとり声をかけて、みんなで飲みに行って、じゃあやろうかって感じになって。明確なヴィジョンがあって、適材適所で集めたというよりは、割と声をかけやすい人に声をかけた。

ヤナさん（ドラム）は一度、リヴァースローで叩いてもらったことがあるんだけど、お互いのプレイをよく知っているけど一緒にバンドをやったことがない人たちと組んでみたら、どうなるかなと思って。

先ほど完成形っていう風に言ってたんですけど、今の状態になるまでは試行錯誤だったんですか。

一番最初は個人的に作ったデモテープを、ただやってもらっただけだったんだよ。でも、ヤナさんとかユージンは世代的に聴いてきた音楽が被ってるから、この人たちとだったら今までやったことがないことができると思った。

俺が今まで、小学生の頃から聴いてきた洋楽のバックボーンっていうものを、いかんなく発揮する音楽を作りたいなと思ってて、このメンバーだったらできると、それを意識して作りこむようになったというのはあるかな。

ニュー・ウェイヴって多岐にわたっていて、個々の印象って異なると思うんですけど、NACANOの音楽って、色々なジャンルの音楽を全部吸収してできていると感じたんですよ。

うんうん。

それって、やっぱり5人の聴いているものが混ざり合ってそうなっているのかと思っていたんですけど。

いや、違うね。

ハヤシさん個人なんだ。

新作はヤナさんが全部作ってくれた曲もあるんだけど、ほぼ8割方俺が作りこんでる。普段聴いている音楽っていうよりも、世代感だと思うんだよ。共通の世代感っていうか。今言ったみたいにニュー・ウェイヴって一言で言っても、すごく広いじゃない。人によって捉え方が違う。でも、同じ時代に同じ空気を味わった人って、例えばニュー・ウェイヴっていうと浮かぶ景色が一緒なのよ。

前にアンケート（ANTHEMの企画のこと）で好きな1曲はバウハウスって答えたけど、ヤナさんなんか、とにかくもうバウハウス好きで繋がってるから、そうするとその世代の空気感ってそこに出てると思う。今の若い世代がやっているニュー・ウェイヴとかエレクトロとはスタート地点が違うから、それは全く別物。それに俺やユージンは、完全に洋楽嗜好というか、感覚は洋楽そのもの。だから日本で理解してもらおうと思ったら、相当難しいとは思う。

NACANOは見ていると、ライヴの空間が日本ではないですよね。でもね、逆に言うと、私たち日本人がもっと、こういうの聴いたらいいのにと思う。

ああ、そうかもね。だから最近はインタヴューを受けたときも、ブログやツイッターとかも、なるべく自分が聴いてきた昔の音楽を言うようにして、そういうのも聴いてくれたらいいなって思ってる。その上で、もう1回NACANOを聴くと、「なるほど、パクってんじゃん」って言うはず。そう言ってもらえたら嬉しい。そう思ってほしいんだよ。「わかるわかる」って感じを持ってほしいのよ。
結局、日本人ってそういうところがダメだと思うんだよね。海外の人って、平気でパクるじゃない。でもそれはパクってるっていう意識がなくて、完全にもう染みついてるんだよ、その人たちの中に。それこそ、さっき言ったけど、子どもの頃からテレビをつけたら、そこに洋楽が流れているわけだから。

私も最近思ったんですけど、誰かに「音楽を聴いていて、これはいいって思ったことなんて、90年代以降ないよ」って言われたんです。
むしろ80年代からない。なぜなら、全てが聴くと「あれに似てる」って思うから。でも、私としては、何かに似てたらダメなの？　って思うんです。

俺なんかはむしろ、「なんとかのパクリでしょ」って言われたら、超嬉しいけどね。「わかるんだ！　やった！」って友だちになれるね、逆に。

そういう意味でも、果たす役割は大きいですね。

本当にそうなったらいいよね。iTunesで出したときも、ジャンルをエレクトロにしたけど、明らかに俺たちは日本で言われているエレクトロとかテクノとは違う。もっとダサくて、そんなにスタイリッシュなものじゃないの。俺が作りたいのは、ポップ・ミュージックで、下世話なポピュラー・ミュージックで、テレビをつけたら流れてくるようなのが作りたい。格好つけてアーティスティックなものとかは作りたくないし、興味がない。でも、エレクトロっていうと、みんながイメージするものはアーティスティックで繊細な感じでさ。

ジャンルに分けたがりますから。

そうでしょ。でも、そういうものって、俺たちの音楽とは全く別物の、単なるポップ・ミュージックだから。鼻歌を歌える音楽っていうのは、民謡だろうがなんだろうが、踊れるじゃん。なんか、そういうのを作りたいと思ってる。

今は誰でもどこからでも発信できるから、それを逆手に取れそうですよね。

そうだね。だから、ミュージシャンとして、こういうことを言っちゃいけないのかもしれないけど、海外の違法ダウンロードサイトに、NACANOのアルバムがあがってて、俺とかユージンは嬉しくて、お互いに「ダウンロードしちゃったよ」とか言ってんの（笑）。

こういうのは繊細な問題だから、いくらフリーマガジンとはいえ、こんなこと言っちゃいけないのかもしれないけど、1曲作ったらいくら入ってくるっていうことを考えるんだったら、1曲作るのにいくらかけるかって考えたほうがいいと思うんだよ。自分の財布を空にしてでも、機材を買ってギターを買って、いいスタジオ入って、赤字を重ねて、「いいもの作ったぜ！」て言える人のほうがカッコイイ気がする。「そこまでして作った音楽だから、タダでもいいから、お前ら持ってけ！」って言うほうが、なんとなくいい。

カッコイイ！

カッコイイっていうかさ、そっちのほうがいいんじゃない？　って思うんだよね。

極端な言い方をすると、音楽を買うっていう行為は、気持ちを返すという意味で、とても大事なことなんですけど、じゃあお金がない人は聴いてはいけないのかっていうと、そうではない。

それもそうだし、作る側も、本当にいいものができたら、タダでもいいからみんなに聴いてほしいって思うと思うんだよね。今だってさ、期間限定無料ダウンロードとか、みんなやってるじゃん。それってプロモーションっていう意味もあるだろうけど、純粋に作ったものをいち早くみんなに聴いてほしいっていう気持ちからだと思うんだ。それに今はそうやって、自分の家からアップロードできる時代だし、俺はなんかもうそれでいいんじゃないかなって思うんだよね。

ＣＤを作りたいとか、レコードを作りたいっていうのはやっぱり、そのジャケットのデザインとかも含めてひとつの作品だから。音だけじゃないっていう意味も込めて、ひとつの作品だとは思うんだけど、それですら「こんないいジャケできたからどうぞ」ってあげたいもん。

それが純粋な気持ちですよね。音楽を始めたときってみんな、そういう気持ちだったはずで、でもメジャーも経験して、今もそう思えるってすごい。

でも俺、ペンパルズの一番忙しい時期が、人としても一番働いた時期だから。馬車馬のように。あれは労働だったからね。労働の対価だから。

本数も相当ありましたもんね。

そうよ、あれは印税って名目で入ってきてるけど、作品に対する対価っていうよりも、それだけもらっても間違いないくらい働いてたから。単純に労働時間だけ考えても当然っていうか、もっともらったほうがいいくらい。そう考えるとねってていうことだよね。

今年（2011年）は海外でライヴなんかも。

行きたいし、今年は行く計画もあるんだけど、一番の問題が俺、とにかく飛行機苦手なの。1回落ちかけたことあるの、冗談抜きで。海外の出張とか繰り返してる人や、外国人にも今まで何人も聞いたけど、ひとりも経験ないっていうんだけど、俺は酸素マスクが下りてきたことがあるの。

それは子どもの頃だったんだけど、その後、大学生くらいまでは平気だったの。でもその頃にふとフラッシュバックがあったの。乱気流で、ちょっとふっと落ちたときに、無意識のうちに戻ってきて、脂汗かいちゃって。それから、ペンパルズ時代も乗りまくったけど、とにかくダメなんだよね。

それはトラウマになりますね。じゃ、船で行きますか（笑）。

船は大好き。船旅、大好きなんだよね。

相当な距離ですよ。

そっか。でも海外はどっか、ちょっと行きたい。海外は、誰が行っても、反応いいんでしょ。

みんな、とりあえず踊りたがるし。

そうそう。よく、アメリカ行って、ダメになっちゃうバンドがいっぱいいるけど、みんな盛り上がるから勘違いしちゃって、できると思ってダメになる。

今って、レーベルは独立ですか。

そうだね。自分のやりたいペースと、やりたいタイミングで、やりたいことができるのが一番いいかなって。だからスタジオも自分の家にあるし。

音楽活動はライフワーク？

そうだね。だから、さっきのミュージシャンを目指してる話じゃないけど、ミュージシャンの仕事って、アマチュアの子が思うときって、例えば、スタジオ行ってレコーディングして、みんなでミーティングして、曲順決めて、ジャケット決めて、ラジオとかに出演して、ライヴやって、みたいなことが仕事だって思うじゃない。

でも結局、ミュージシャンって何かっていうと、３６５日24時間常に音楽のことだけ考えて、ふと気が向いたらギター抱えて、Ｍａｃの音源入れて、それをレコーディングするっていうのが、俺は一番理想だと思うんだよね。

キャンペーンとかに時間を使うのも大事な仕事なんだけど、究極的に言うと、結局そこが普通の人との違いなんじゃないかなって。

音楽を作るのが仕事。

仕事というか、そういう人間をミュージシャンって言う。別に仕事にしていなくたってね。

ライフワークにしていくのは難しいですね。

お金が必要になる。お金がないと何にもできないじゃん。

私たちもこれ、壮大で真剣な遊びですから。でもなるほど、そこまでいくと、本当のプロのミュージシャンですね。それの方がプロ。

そうかも。プロフェッショナルって概念は、音楽でお金を稼がなきゃいけないってことだと思うんだけど、結局はミュージシャンも職業以前に人となりでしょう。

プロという概念が、これを読んで変わると面白い。特に最近は〝音楽で稼ぐ〟っていうのがすごい大事に思われてる。

だから、すぐにバンドとか解散する。それで、思ったより稼げなかったら、やっぱり仕事しようって思う子も多いでしょう。

年齢のせいにしちゃったり。

仕事しながらバンドやればいいじゃん。みんなが知ってる、そこそこ売れてるバンドでも、土日しかライヴやらない人とかいっぱいいるもんね。

今、話を聞いていて、ミュージシャンってなりたいって思ってなるものではなく、気がついたらなってるみたいな感じなのかなと。

みんながそうかはわからないけど、でも本当に売れる人はやっぱりハングリーだよね。トップ取る人とかはね。そこはやっぱり差がつくよ。そうやって1位を取ることも、それはそれで、努力の結果だと思う。

最後になりますが、東日本大震災があって、私たちも色々考えたのですが、ミュージシャンの中にも音楽をやっている場合じゃないっていう人もいれば、音楽を黙ってやり続ける人もいたと思うんですけど、ハヤシさんがミュージシャンとして、震災後の意識というのは。

俺は基本的にミュージシャンとして何かをやろうと思ったことは一切ない。俺からみると、もちろんそういう立場だからこそできることを一生懸命やっている人たちがいて、それを否定するわけじゃないんだけど、でも音楽を通じて何かをするっていうのは結局、言葉に出すとなんとなく言い訳になる気がする。

自分が何かをするのではなくて、音楽がなんとかしてくれるっていうことになりかねない。それはそれで素晴らしいと思うし、実際に俺も、バーで弾き語りとかやって、その収益を寄付したりもしたし、だからそれを否定するつもりはないよ。

でも俺は3か月経って、今思うことは、福島のことを考えるのは当然だし、日本全体のこととか世界のこととか、原発のことを考えるのはすごく大事というか、基本中の基本で、日本国民全員がまず基本としてそこの上に立たなきゃいけない時代になっちゃったから、明らかに3月11日以前とそれ以降では国が変わったと思うんだけど、だからこそ、東京とかそういう都会にいる人は遠くの福島のことを考えるのと同じくらい、自分と同じ町内にどれだけお年寄りがいて、どれだけ体の不自由な人がいて、どれだけ子どもがいるかを把握しなきゃいけないと思う。その上で、遠い福島のことを考えてあげられないと。

あなたの町にも食べ物に困っている人がいますよっていう事実を、この機会だから、余裕のある人は見てあげなきゃいけないと思う。いつ、何があるかわからないっていうことになって、あなたの住んでいる町にも同じことが起きるかもわからない、そのときに真っ先に手を差し伸べられるのは、近所に住んでいるお年寄り、子どもだということを、日々毎日意識していることができるか、それができないで原発がどうだと言っている人は、俺は正直言ってあまり感心はしないと、ちょっと思う。

なるほど。それは確かに意識する必要があります。

今はそんな悠長なことを言っている場合じゃない。今は困っている人が福島にいるんだから、助けてあげなくちゃっていう気持ちはよくわかる。俺だって、NACANOのTシャツの在庫は全て送った。でもそういうことは誰でもできるんだよ、本当は。だけど、やらなきゃいけないのはもっと、本当に自分の隣にいる人に目を向けること。それは忘れちゃいけない気がしていて。みんな、そっちにだけ目を向けていればそれでいいっていうわけじゃない。

日本人の典型的な性質ですね。

そうそう。

私も危惧しているのは、反原発に対してのデモをやっている人は、もちろんいいんですけど、それだけに集中してしまって、今度別のことが起きたときにはそっちに行ってしまって、また忘れられていくっていうことです。今までもその繰り返しだったし、これからもそうなるのが怖いと思う。

そうなんだよね。だからもっと、常日頃、身近なところに目を向けられるっていう、その意識を持たなきゃいけないって思うのね。それがきっと希薄っていうか、例えば同じマンションに住んでいる人がどんな人かってもっと把握するとか。

私も同じアパートに住んでいる人は、大家さん以外知らなかったんですけど、震災の日にガスが止まって、復旧ボタンを探したり、お互いに不安だけど、そういうことで初めて隣の人と話をしたりして。

だからね、自分たちで自分たちの町内だけでも、事前に何かあったらどこ行ってどうしようって話していれば、なんとかなることもあるとは思う。

ハヤシさんはその、お坊さんで。その話はしても大丈夫ですか。

いいよ。

ちょっとビックリしたのは、個人としてやるっていうことは想定ができても、ミュージシャンのハヤシさんのツイッターアカウントで、弁天様のお話をするとは思っていなかったというか。

今言った、身近なところに目を向けたほうがいいんじゃないかっていうことの、第一歩になればと。そういう職についているっていうことは、地域の人に目を配らなくちゃいけないし、どういう人たちが集まっているのかということを知っていないといけない仕事なんだけど、そういう立場に僕はいますよっていうことを、表明するつもりはないけど、今後のみんなの足がかりになればって思った。

みんな、何かしなきゃいけないっていう気持ちばっかり持っていて、でも何もできない、どうしよう、原発が怖い、福島がかわいそうって、そういうことを言っている人たちが多かったから、まずは自分が気持ちを持つことが大事で、気持ちを持ち続けていれば、それが言葉になるし、行動になる。気持ちを持った上で、行動に繋がる、言葉に繋がるっていう風にならないと、言葉ありき、行動ありきでやっちゃったら、長続きしないし、同じことの繰り返しになっちゃう。

宗教的なものって、変な話、音楽とはタブーなんだけど、心に対して問いかけることでもあるわけだから、そこはちょっと、ちゃんとみんな気持ちは持っているということを再確認しようという気持ちがあったかな。

私も地元で、田舎はお坊さんととても近いというか、祖母が亡くなったときもとてもいい話をしてくださって、今でもよく覚えているんです。それにしても、音楽のバランスは絶妙。

そこまで意識したことはないけどね。３６５日24時間ミュージシャンであるわけだし、同じようにお坊さんでもある。中途半端にどっちかだと違うけど、お互いフラットなものだから、そこに何の違和感もない。感覚的にも、同じ人間がやっていることだから、どっかで繋がってはいるんだろうけど、意識はしてない。

何かを伝えるということではなく、人としてどうあるかっていうことをまず考えるから。

ハヤシさんのこれからの夢ってありますか。


うまく言えないんだけど、俺ってすごく、答えが見つからなかったり、どうしていいかわからなかったりする状態が好きなのね。それは自分が今まで経験上、得たことのないものが目の前にあるっていうことだから、それがちょっと先にあるっていうことだから、その状態がすごく気持ちがいい。

ＮＡＣＡＮＯも、子どもの頃から聴いてきた音楽を、自分で実際にプレイして、クリエイトしていくやり方っていうのは昔はわからなかったし、シンセサイザーも買えなかったし、でもそれをＮＡＣＡＮＯでやっていくうちにひとつずつクリアしていって、次はこういうのをやろうっていうとまたわからなくてどうしようって思ってやっていく。

お寺のほうも、俺の代になって、いい意味ですごく変わって、お坊さんとしてってていうより、人として人と繋がること、人として人に何かを伝えるならば、まずは自分がこういうことをやらなきゃいけないんだろうっていうこととかがあったりして。そういうことを考え出していくと、勉強もし始めるし、大学院まで行ったのに全く勉強してないし、俺はなんにもわからないんだって思って、今はほとんど愛読書が仏教辞典だったりするのね。

今って、ｉＰｈｏｎｅとか、ｉＰａｄとかですぐ調べられるじゃん。わからないこととかもすぐ調べられる。そうして、家に持って帰ってきて、仏教辞典ひいたりすると、それが載っている。ちょっと質問と外れたけど、そういう気持ちを常に持っていたいというか、音楽に対しても、お寺の住職にしても、人間として、そういう気持ちを常に持っていられるようにしたいな。

うん、だから、どんどんパワーアップしているじゃないですか。

若い頃は、このままいったらオリコン1位獲れるのかなとか思ったり、野心もあったし、今もないのかって言われたらないわけじゃないし、〝これ、うまくいっちゃうんじゃない?〟みたいなアイディアがあったりもするし。

だって昔、ダウンタウンと一緒にテレビ出てたんだもんなあ（笑）。

そうそう（笑）。でもまあ、そんなのも含めて、あの頃はあの頃で刺激的だったけど、今は今で形は違えど刺激はすごく強いし、あの頃には全くできなかったことがすごいできてるから。ペンパルズのときはいろんなものを犠牲にしすぎて、とにかく時間が全くなかったからね。

悩むというか、考える時間って大事ですね。そこから脱したいというネガティヴなイメージがあるけど、結局その時間がすごく大事なのかもしれない。

そうそう。悩みは解決するかしないかではなくて、後になって、悩んでるときの自分を思い返せるのが大事。スティーヴ・ジョブズが演説で言ってたんだけど、人生っていうのは点と点の繋がりにしか過ぎないんだけど、そのときそのときは点であることすら気づいていなくて、後で振り返ってみて、ようやくそこに点があることに気づく。そんなようなことを言ってたけど、だから、一瞬たりとも無駄にしてはいけないっていう、全てが点でそれが繋がって線になるわけだから。

ホフディラン

写真 © 宇佐野ナギ

　ギター・ヴォーカルのワタナベイビーさん（1968年10月17日生まれ、東京都出身）、キーボード・ヴォーカルの小宮山雄飛さん（1973年8月14日生まれ、東京都出身）からなるバンド。1996年デビュー。2002年に活動を休止し、それぞれソロ活動を行うも、2006年に活動を再開。変わらぬ人気で、現在も精力的に活動されています。

　本インタヴューの収録は2011年12月21日。アルバム『ツー・プラトン』のレコーディング中でした。幅広い音楽活動、そして、新しいユニークな発想がどんな風に生まれるのか、ふたりの素顔に迫ってみたいと取材をオファー。ふたりが絶妙なバランスと掛け合いを見せてくれて、スタッフ一同、爆笑の連続となった楽しいインタヴューとなりました。また、発行後はファンの方の反響も大きく、本誌がオークションに出品されるという事態にも発展しましたが、皆さんのマナーがよく、お互いに情報交換をしながら配布された中で手に入れてくださり、私たちも感激しました。

まず、おふたりの音楽のルーツを教えてください。

ワタナベ　僕は80年にジョン・レノンが亡くなったときのビートルズブームですね。小学校6年生から中学校1年生という時期だったので、その波を食らっての音楽への道でしたね。

当時ってやっぱりみんなビートルズの影響で洋楽聴いたりしていたんですか。

ワタナベ　いや、みんなじゃなかったですよ。でも6年生だったので、上にお兄さんやお姉さんがいる人たちがちょっと当時のモンキーズブームとか、モンキーズのリヴァイヴァルがあったんですね。それで『デイドリーム・ビリーヴァー』とかカッコイイなっていうときに、ビートルズがテレビやラジオでかかりまくって、モンキーズより本物っぽいっていう感じ。結構、あの頃にしたら情報が入ったんですね、ジョン・レノンが死んでしまったことで。だから、そんな感じです。「ギターがほしい」って思って。

その頃の影響を一番受けているんですね。

ワタナベ　一番精神的に揺れ動く時期のビートルズっていうのが決定打になっちゃったから、他に進みづらくもなりました。

最近の音楽も聴いたりされるんですか。

ワタナベ　聴くのは嫌いじゃないはずなんですけど、おそらく一生で一番ガツンときたんじゃないかってものを食らってしまったので、なかなか色々情報を収集するタイプじゃなくなっちゃったんですね。他から巡り巡ってビートルズに行ければよかったんですけど、いきなりピンとくるものから入っちゃったんですよね。

小宮山　僕はもともとピアノを子どもの頃にやっていたんですよ。親も音楽が好きだったので、洋楽も聴いていたし、自然の流れというか。

クラシックピアノを弾いていたんですか。

小宮山　クラシックですけど、単なる練習という感じで。兄の影響で小学生の頃から洋楽を聴いていたので、80年代のマイケル・ジャクソンとかポリス。ポリスが一番売れた年なんですよ、ちゃんと洋楽を聴き始めたのが。これ、ちょうど今、『シンクロニシティー』のTシャツ着てるんですけど、この年に、今でもよく覚えてるけど、『ベストヒットUSA』の1位がポリスの『エヴリ・ブレス・ユー・テイク』だったんですよね。そこら辺の頃から聴き始めているから、どこに衝撃を受けたとかいうよりも、普通にずっと音楽を聴いている感じですね。

おふたりは5歳離れていて、聴いている音楽も割とタイプが違っていて、一緒にやるっていう風になったときにどうでしたか。

ワタナベ　でも、僕のリアルタイムの『ベストヒットUSA』が中1だとして、彼はちょっと早めの『ベストヒットUSA』だったので、結構被ってるんですよ。

小宮山　意識して自分で洋楽を聴くようになったのが小学校3年生だから、大体一緒なんですよね。

まわりは洋楽を聴いているわけではないのに、やはり小学生から聴いていたんですね。

小宮山　従兄弟が6つ上だったんですけど、同じ家に住んでいて、洋楽とか聴いていたんですよ。その影響もあって、クラスでは聴いている人はいないけど、家での生活には普通にありましたね。逆に邦楽を全然知らないんですよ。

日本の音楽は聴いていないですか。

小宮山　ほぼ聴いていないですね。ヒットしたものは知っていますけど、日本のミュージシャンで好きになったというのは、ほとんどいないですね。

ホフディランはボブ・ディランとは関係ないんですか。

ワタナベ　あんまり関係ないですね。リスペクトはありますけど。15年前は毎回言われていましたけど、おふざけでつけた名前なんです。雄飛とバンドを作る前に、バンドっていうほどじゃないんですけど、作ろうとした動きがありまして。

小宮山　動きってなんですか。

ワタナベ　なんか名前だけつけようとしたんですけど、それがホフディラン。保父さんをやっていた友だちとバンドを組もうとして、曲だけあったんです。『ホフディランのバラッド』っていう曲。その曲を、雄飛と一緒にバンドをやるときに、1曲目にやりたいっていうことで、そう名乗らざるを得なかった。それを演奏するために、バンド名をホフディランにしなければいけないっていう。15年もやるなんて思っていないので、ワンステージのためにそう名乗ったんですけど。

去年（2010年）、来日したとき、見に行ってないですか。

ワタナベ　行きましたね。でも、デビュー当時に色々調べてもらったところによりますと、ボブの〝BOB〟と、ホフの〝HOFF〟は全く似ていないということで、全然面白くないらしいです。

おふたりはそれぞれに曲を作って、それぞれがヴォーカルをとられていますけど、曲作りってどういう風にされているんですか。別々に曲をつくってきたその後というのは。

ワタナベ　作者が大方の骨組みは持っているんですけど、その後はコーラスとかアイディアを出しあったりしています。

２００２年の活動休止後、ソロ活動をされていましたが、その活動に於いて、ホフとの違うポリシーはありましたか。

ワタナベ　僕はツアーばかりやってたんですけど、ひとりで行ってたので、大所帯ではできない活動ができていました。それに明け暮れているうちに、またホフディランを始めることになったから、作品に関してのポリシーとかはあんまり考えていられなかったけど、とにかく〝ホフでカヴァーできなかった土地にも行こう〟なんて夢中になっているうちに、またバンドが始まりました。

小宮山　僕もポリシーっていうものはないですけど、ワタナベくんはライヴをやっていて、ホフディランの曲をやっていたと思うんですけど、僕は全くやってなかったんですよ。サイドプロジェクトではなく、それで成立するようなものにしようと思っていたので、逆にいえば、ホフディランと同じですよね。バンクスというプロジェクトをやっていましたけど、バンクスだけで成立するようなものを作ろうとしていたから、同じ感覚ですね。

雄飛さんが会社を立ち上げたのはその時期ですか。

小宮山　そうです。ホフを休止にしたときに、僕だけ昔の事務所を出たんですよ。それで、自分でやる上で会社を作らなきゃならない。作らなくてもよかったんだけど、会社があってもいいだろうということで。だから、もともとはその後の音楽活動をするための事務所ですよね。それで自分で立ち上げました。

すごく色々なことをやられていますよね。ポッドキャストの『こむぞう』は聞いていますが、当時はそんなにポッドキャストって知られていなくて、どうしてやろうと思ったのですか。

小宮山 アメリカでポッドキャストっていうものがあるというのは聞いていて、ちょうど全然違う話でニフティの人と何かやろうという話があったんです。そのときに「関係ないんだけど、今度ポッドキャストっていうのを始めるんですよ」って言うので「それは知っています。今アメリカで流行っているやつですよね。そっちをやりましょう」って。ニフティがそのときにやろうとしていたのはね、もともとミクシィのニフティ版みたいなものを立ち上げようとしていて、それはなくなってしまったので、ポッドキャストにしてよかったですね（笑）。

そのアメリカで流行っているものという情報、いつも先手を打っていますが、どうやって得ているんですか。

小宮山 単純に好きなんですよね。新しいことが常に生まれてくるじゃないですか。〝この洋服屋さんが流行ってる〟とかっていうことよりも、〝自分たちで何か発信することができる新しいもの〟が好きなんですよ。今でいえばツイッターとかですよね。そういうものに常に興味がある。

本当に雄飛さんってアイディアマンで、ラー油やカレー粉まで作っちゃって。

小宮山　ラー油は僕のアイディアじゃないですよ（笑）。あれはむしろ流行りに乗っただけで。

あれは怒髪天の増子さんか。

小宮山　そう、あれは増子さんのほうが、貢献度はデカイですよ。

ホフディランのライヴに行ったときに、その日の始まるまでのSE、曲名を全部フライヤーに載せていたときがあったじゃないですか。待ち時間にもずっとスクリーンを出していたりとか、ありそうだったけど誰もしていなかったことを、すぐに実現しちゃうなという風に感じていて、すごいですよね。

小宮山　なるほど。なんか好きなんですよね、そういうのが。あんまりよくないですけどね（笑）。本当はもっとちゃんと計画してやらなきゃいけないと思うんだけど、思ったことをすぐにやってしまう。だから本当は大きいことを、どこかの所属でやれる人がすごいと思うんですけどね。大きな会社の一員としてやるよりは、小さな会社でいいから自分たちでやるのが面白いっていう性格なんでしょうね。

ベイビーさんは何かアイディアを出したりされるんですか。

ワタナベ　ラー油とかですか？　アイディア出したこと、あるかな（笑）。むしろ、僕は知らないこともありますよ。この間、ミックスCD（お勧めの楽曲をミックスして繋げた会場限定盤）を売ったじゃないですか。あれも売るっていう企画段階の話は知っていましたけど、色々と問題があるから無理なんじゃないですかねっていう話で終わっていたと思ったら、会場で〝あ、売るんだ〟って知るみたいな。

小宮山　（笑）。

〝えー！〟みたいな。

ワタナベ　〝えー！〟って思ったけど、ホフとして売るものを「えー！」って言うわけにはいかないからさ。スタッフの間で動いていたことを、ステージ上で知るみたいな。だから、アイディアは出してないです。

次に何かやろうと計画していることはありますか。

小宮山　具体的にホフディランで何かを出すっていうことは考えていないですけどね。アルバムはもちろん出しますけど、それ以外で、次はお酢を作るとかいうのはないです（笑）。でも来年あたりからもう、音楽のやり方ってどうでもよくなるんじゃないかな。もっとみんな自由に音楽ができるようになると思います。

縛られるのではなく、自由になると。

小宮山　現状、僕らはレーベルも独立してやっているので、全然縛りはないんですけど、もっと縛りがなくなるんじゃないですかね。例えばユーストリームなどで曲を流すのは、細かくいえば違法ですからね。ユーチューブとかも、色々対応はしているみたいですけど、ちゃんと調べたら8割方はダメじゃないですか。でも、もういいじゃんっていう感じになっているし、それがもっとどうでもいいっていう風になるんじゃないかと思います。

ミュージシャンとしてはどういう心境ですか。

小宮山　基本的には歓迎です。そんなにたいそうなことじゃないですから。著作権なんて、この数十年ぐらいで、レコード会社とかが儲けを得るために作っただけであって、もともとはどっかで歌っていたわけですよ。著作権自体は権利としてあったほうがいいけど、最初からあったわけじゃなくて途中でできてきたもの。そんなたいしたことじゃない。

ただ一点だけ、これから広がらないというか、レコード会社がやってきたことでよかった点は、お金をたくさんとっているぶん、下をちゃんと育てることができた。新人に育成費としてかけたりとか。音楽業界だけじゃないと思うけど、例えばテレビとかでも、お金をたくさんとっているぶん、ADを育て上げていくみたいなところがあるから、人が育つんですけど、家からパソコンで世界に何でも発信できちゃうと、〝育てる〟ってことがなくなっちゃう。だからそこだけ問題はあると思います。

ただ、権利云々についてはいいと思うんですけど、育成費が発生しないから、先細りになる可能性はありますよね。

雄飛さんの会社で新しいアーティストを出すみたいなことはないんですか。

小宮山　僕は邦楽を聴かなかったが故に、よくわからないんですよね。新人も全然知らないんですよ。本当は角張くん（カクバリズム）みたいなことをやりたいんですけどね。知らないんですよ、バンドを。誰か連れてきてくれればやるんですけどね。

いいバンドとか見つけそうなのに。

小宮山　なにか教えてくださいよ。だからね、募集って書いておいてくださいよ。うちの会社の募集コーナー作って。

2000部しか出してないですけどね（笑）。ところで、活動を再開された理由はなんだったんですか。

小宮山　休止は休止するぐらいだったから、何かあったんでしょうね。仲よく楽しく音楽やっていたやつらが、もうやめようとは言わないでしょう。だから何かあったんだと思いますね（笑）。

再開はね……。

ワタナベ　理由なかったんじゃない。

小宮山　再開のほうが理由なかったね。

映画（『男はソレを我慢できない』）ですよね。

ワタナベ　そう、映画でね。

緑色、着てましたね。

ワタナベ　映画でね。色々、派手な衣装を来てましたね、当時は。

それがきっかけですか。

小宮山　直接的なきっかけはそうでしたね。その映画の撮影で一緒になった。

それまでは全然会っていなかったんですか。

ワタナベ　いや、ちょくちょくは会っていたと思うんですけど、ゆっくりひとつのところに押し込められていたと言うんでしょうか。

あ、待ち時間ですか。

ワタナベ　そうです、空き時間とか、一緒にいるしかないっていう状態で、そうすると色々話すこともあって。この先、またライヴやろうか、みたいな話が出るくらいになって。

前は別々に曲を作っていましたが、再開後は一緒に曲を作られていますよね。

ワタナベ　そういう風に見えたら嬉しいんですけど、単純に歌詞に悩んで、半分頼むって泣きついた感じが真相に近いですね。

小宮山　でもそんなに歌詞でって感じじゃないじゃん。

ワタナベ　Ｂメロか。Ｂメロがないって言ったんだ。

（笑）。活動再開後に変わったことはありますか。

ワタナベ　僕からすると、作業が完全にコンピュータになってました。前もコンピュータの兆しはあったんですけど、今は完全に。ツアーばっかりやってて、帰ってきたら浦島太郎状態。一緒に空白ができたようなイメージでスタジオに入ったんだけど、雄飛はしっかりそれに対応してましたね。

小宮山　確かにマルチはあったけど、その間に完璧に録音とかはパソコンになりましたよね。

今はもう慣れましたか。

ワタナベ　全然理解はしてないですけど、エンジニアに指示はできます。当時はどこまでできるのかわからなかったから、アナログ時代のようにもう一度やらせてほしいと言っていたけど、今はもう直せるってわかるから、頼み方が違うっていうぐらいです。

活動休止とか、解散とかっていう風になると、やっぱりその前のアルバムがいいとかっていう感想が多かったりするんですけど、ホフディランに関しては個人的には再開後のアルバムが好きで、再開後が本当にいい状態だったんだなと思いまして。

小宮山　でも、そうだったんじゃないですかね。やめたものを再開するっていうのは、よくないとやらないですから。再開前のほうがよかったら、やらないでやめますよ（笑）。

結構いるじゃないですか、海外のアーティストでも。

小宮山　向こうはお金のためにやっている人も多いですから。

というわけで、今度の新作、まだできていないって伺っているのですが。

小宮山　ええ、まだ出来上がっていないんですよ（笑）。

ワタナベ　この雑誌が出る頃にはできあがっているんじゃないですか。

1月の末に発行されますので。

ワタナベ　あ、じゃあできてますね。

新譜は3年ぶりということですが、期間が空いたのはなぜですか。

小宮山　まず単純にレーベルが変わったんですよ。毎回変わるんですけど、それが大きいですかね。要するに、次のレーベルを探さないといけないということになりますから。あと、嬉しいことなんですけど、なんだかんだで僕ら、仕事が入るんですよ。音楽以外のことも含めて。だから何にもなければやるんでしょうけど、何かあると遅れちゃうじゃないですか。

このアルバムも本当は11月ぐらいに出るはずだったんだけど、色々やることがあって、徐々に遅れていっちゃって。よくないですよね、そういうのは（笑）。色々な仕事があるのはいいことですけど。

（笑）。曲はアルバムを作ろうという段階で作り始めるんですか。

小宮山　僕は基本的にはストックしておくので、そこから選ぶんですけど、結果的には今回のために作ったという風になりましたね。

ワタナベ　僕もそうですね。1、2曲はここ数年のものもありましたけど。

アルバムのタイトルはどのような意味ですか。

小宮山　〝ツープラトン〟って知ってます？　プロレス用語ではないんですけど、ふたりで技を仕掛けることを意味するんです。〝プラトーン〟っていうのは小隊という意味で、まあまあ、そういうやつらですよ。ふたりセットで攻撃を仕掛けるということですね。

ワタナベ　〝ふたりがかり〟っていう。

小宮山　そうそう。

どういう意味がこめられているんですか。

小宮山　いや、だから〝ふたりがかり〟だってば。もう1回聞くとは思わなかった(笑)。

ワタナベ　わかった！　〝ふたりがかりで日本のロックを変えてやる！〟っていうことです。

小宮山　いや、ロックは変えなくていいんじゃないんですか？

ワタナベ　じゃあ、政治でもいいんですけど。〝なんかひっくり返してやる！〟みたいな。

小宮山　そういうことでいいです。

先日のライヴで何曲か聴かせていただいたのですが、どんな作品になりましたか。

小宮山　これはみんな聴いたほうがいいと思いますね。ＡＮＴＨＥＭ読者もちょっとビックリすると思いますね。こういうものもあるんだっていうね、曲ごとにもちろん違うんですけど、つまり、関東の人が初めて下北沢で広島焼を食べたような。それまで普通のお好み焼きを食べてきて、初めて広島焼を食べたとき、麺も入っててミルフィーユみたいに層になってて、僕は中学校に入って下北沢で初めて食べたとき、〝あ、こんなのあるんだ！〟って衝撃を受けたんですよ。そういう感じですよね。曲がいいとかどうとかっていうよりも、そういうことですね。

今まで体感したことのない感じになる、ということですね。

小宮山　そうなると思いますよ。音だったり、詞だったり、色んな意味で。

タイトルはどうなったんですか、『ワタナベイビー結婚』という仮タイトルは。

ワタナベ　まだ、決めてないんですよね。

小宮山　そう、例えば、自分の結婚のことを歌うとか、ないじゃないですか。いい曲かどうかっていうより、聴いた人が〝こんなことできるんだ〟って思う曲に、どれもなっていると思いますね。

清志郎さんの歌もそうですね。

小宮山　あんまりないですもんね、清志郎さんって個人のことを歌詞で他の人が歌うって。

ワタナベ　名指しですからね。

亡くなられたあとのライヴでは『坂道』（忌野清志郎との共作）を歌われていましたよね。仲がよかったぶん、特別な思いがあるんですね。

ワタナベ　ずっと、曲にして世に発表しなきゃと思ってたんですけど、このタイミングになってしまって。

あ、曲自体はもっと前からあったんですね。

ワタナベ　いや、今回用に作りました。

小宮山　ちょっと、なんなんですか。前からあったような感じで話してたのに（笑）。

ワタナベ　すぐに出さなきゃとは思ってたんだけど、どうしてもホフで出したかったんですよ。自主盤じゃなくて、ホフは自分の正装という感覚だから。ホフディランのアルバムが自分の至らなさもありましてね、今年いっぱいをかけて出すということになりましたので、ちゃんとね。色々原発の問題もあったりしたので、時間を経て、今、清志郎さんに歌った曲です。

『ホフ&ピース』はユーストリームで視聴者のみなさんと作詞した曲ですが、その企画も面白かったですね。

ワタナベ　ユーストリームで色々曲をかけられないっていう話だったんだっけ。

小宮山　いや、あれはワタナベくんが即興で曲を作るのが面白いっていうことで、企画して始まったんですけど、殊の外いい曲になったので、その後、ライヴでもやろう、レコーディングもしようということになって。アルバムにもゴーストトラックで入れることになってたんですけど、録ってみたらすごくいいから、普通に入れよう、そしたら今度はタイアップがついた！　っていう、徐々に出世していった曲ですね。

ワタナベ　まだなんかあるかもしれないよね。

小宮山　そうだね。

みんなで作った曲が出世するってすごいですよね。

ワタナベ　印税の配分はどうするか、ですよね。

作詞のクレジットはどうなるんですか。

小宮山　どうしますかね。

ワタナベ　みなさん。

小宮山　実際の登録みたいなものはホフディランになりますよね。だって1円も払いたくないでしょ！　無料で放送した上にお金を払うなんて、おかしな話ですから（笑）。視聴料ということで。

ワタナベ　じゃあ、〝善意のみなさま〟ですね。

うちもカンパですからね。

小宮山　そう、これフリーなんですよね。お金集まるんですか。

コアな読者からは毎回いただくんですけど、ぼちぼちですね。

小宮山　でもそういうシステムはいいですよね。

今までのお金の流れとは違う、新しいシステムは面白いですね。発売後はツアーもあるんですよね。

小宮山　やります。何も決まってないんですよ。ツアーはします。するということは確かなんですけど、まだ何も決まってないから。

ライヴでおふたりがＭＣで散々喋られたあとに、バンドでピッタリ曲に入りますけど、どこまでが決まり事なんですか。

小宮山　ピッタリじゃないですよ、あれは。もっとピッタリじゃないと面白くないんですよ。もっとよくなると思いますね。

次の曲に雄飛さんが振ろうとしているとき、他のメンバーは知らない状態もあるっていうことですか。

小宮山　ありますけど、もっといいタイミングがあると思いますよ。もっとストイックに。何かそういうシステムがあるといいんですけどね。メンバーに何かつけといて、僕がボタン押すとビビビッってなるとかね、そういうのがあればわかるじゃないですか。

それができたら、曲の合間に喋りすぎちゃっても警告ができる。

ワタナベ　あれはちゃんと間を考えてるんですよ。あとで映像を見てみると、全然違うんですけどね。

長いのが恒例になっちゃってますね（笑）。アルバムの聴きどころは。

小宮山　ワタナベくんは長生きしたいタイプだと思うんだけど、僕なんかはもういつ死んでもいいと思っているんですよ。だから、すごくいいアルバムですよ。もう、次はないかもしれないという気持ちで常に作ってるんで、本当にすごくいいものができたと思ってます。昔は、今回のアルバムはこういうので、次はこういうことをしようとか考えてましたけど、今はそういう感覚は全然ないんですよ。常に一番いいものを作ろうって思っているから。

その心境の変化は何がもたらしたんでしょうか。

小宮山　やっぱり、結局人は死んでいくじゃないですか。この年になると、人が亡くなっていったり、信じられないぐらい立場が逆転したりするのを見るわけですよ。例えば、昔レコード会社で一緒だった人が全く違う商売をしているとか、横領で捕まるとか（笑）、冗談じゃなくあるわけですよ。そうすると、もう関係ないんだなって。１年後に全然違うことになったりするんだなって感じますね。

ベイビーさんはどうですか。

ワタナベ　隣にこういう人がいるからかもしれないですけど、対照的になりますね。

小宮山　ワタナベくんは未だに、スターになりたいと思ってますから。40歳過ぎても、いつかスターになりたい。

スターってポール・マッカートニーみたいな？

ワタナベ　ああ、いいですね（笑）。まあ、いろんな人から、音楽業界がどうなるかわかんないとか、ＣＤ自体が来年になったらリリースされなくなるんじゃないかってことも聞くんですけど、僕はなくならないとわからないタイプですからね。なんだかんだであるんじゃないのっていう感覚。

絶妙のバランスですね。

ワタナベ 逆をいこうって思ってるわけじゃないんですよ。でも、もともと逆なんです。パソコンも最近になってこれは廃れるものじゃないってわかりまして。

小宮山 パソコンが廃れると思ってたんだ。セガサターンぐらいのものだと思ってたんでしょ(笑)。

ワタナベ そうそう。だって僕、未だに〝いつかファミコン〟みたいな感覚なんですけど。

小宮山 〝いつかファミコン〟ってどういうことですか?

ワタナベ いつかファミコンをやろうって思ってたら、すっかり廃れてセガサターンとか色々あって。

小宮山 セガサターンはそんなに重要じゃないよ。

ワタナベ いや、色々あるじゃない。みんな結局廃れていくんだと思って。

パソコンは廃れないから大丈夫だと思って買ったんですね。

ワタナベ 買ってみたら楽しいかもしれないとも思ったんですよね。そういう見極めが遅いタイプなんです。こんな番組、絶対長続きするわけないって言って、様子見ているうちに終わっちゃったりとかね。

小宮山 それは合ってるじゃん。長続きしてないんだから。

ワタナベ そう、大抵合ってたんだよ。あんなチャンピオン、絶対にすぐ初防衛戦で負けるとかね。

小宮山　そう思ってたらパソコンだけは残っちゃったと。
ワタナベ　うん。
小宮山　ポッドキャストもなくなると思ってた？
ワタナベ　いつかは……それはわかんない。
小宮山　それはいつかなくなるでしょ。
ワタナベ　もともとそういうタイプだったんですよ。だから、中央に引き戻してもらってるんじゃないかな。雄飛もそうだと思いますよ。知らず知らずのうちに新しいものに行きすぎると、僕が引力で現実社会に戻してるんじゃないかって。
小宮山　現実社会って、オレそんなにサイバーじゃないよ（笑）。

昨年は震災があり、大変な1年でした。何か大きく変わったことはありますか。

小宮山　僕は3月11日の朝のニュースを間違えて録画していたんですけど、ものすごく切ないんです。その中にいる人はみんな、まさか今日これから大地震がくるなんて誰も知らない。天気予報どころじゃないし、当たり前だけど、何ひとつわかっていないんですよ。原発のことも考えてない。ガラッと世界が変わった今、それを見ると、本当に一期一会というか、この瞬間が大事だと感じて、例えば電車に乗っているときに音楽を聴くと、単純にすごく楽しいですね。これでいいんじゃないのって、感じるようになりました。

当たり前のことが、当たり前じゃないっていうことですよね。

小宮山　そう。電車に乗って移動するときに、その電車が事故になる可能性もある。だったら、その間に音楽を聴いて、今が少しでも楽しい方がいい。〝あとで聴けばいいや〟っていう感じはないですね。そういうときに意外と音楽が一番強いんですよ。移動中でもどこでも、聴けばすぐその世界に入れる。例えば映画って言ったら、映画館に行くとか、リビングに行かなきゃならないし。音楽ってどこでもその世界に入れるじゃないですか。だから前よりも常に、音楽を聴くようになりました。

ベイビーさんはいかがですか。

ワタナベ　これ、また余談になりますが、震災の日は一大決心をした日でね。パソコンを買ったんですけど、お金を振り込んだら震災が起きたんですよ。僕のせいかなって思っちゃったりして。浅草は大震災だったんですけど。

小宮山　浅草だけじゃないですよ。

ワタナベ　あ、そうか。帰り道に、東武線浅草駅の2階にある弁当売り場、情緒があるから、見に行ったんだけど。

小宮山　情緒があるから見に行ったんですか。

ワタナベ　銀行に行ったから、ちょっと見て行こうと思って。その2階で揺れたんです。

小宮山　弁当はどうなったんですか？

ワタナベ　揺れたときは改札にいたんだよね。

小宮山　えっ、どういうこと？

あ、過ぎ去っていたんですね。

ワタナベ　そうです。そんな思いをして買ったパソコンのｉＴｕｎｅｓでＣＤを聴くのにハマりましてね。

小宮山　それ、関係ないじゃゃん、震災の話と。弁当屋の話なんだったの？

ワタナベ　こぼれ話（笑）。パソコンで聴くといい音楽がいくつかあってね。ポール・マッカートニーの『メモリー・オールモスト・フル』がパソコンにピッタリだったんですね。

パソコンにピッタリ？

小宮山　それはパソコンのスピーカーがいいっていうことでしょ。

ワタナベ　相性がいいっていうの？　コーラスの音とかさ。

小宮山　だからそれ、スピーカーでしょ（笑）。パソコンっていうのは、ｉＴｕｎｅｓと何か相性がいいの？

ワタナベ　そっか、要するにスピーカーだね。

小宮山　車で聴くよりもパソコンで聴く音のほうがよかった。

ワタナベ　そうそうそうそう。

小宮山　ワタナベくんが持っているスピーカーで一番よかったんじゃない？　今までラジカセとかで聴いてたし、車はそこそこよかったんだけど。

ふーん……。

小宮山　この話、関係ないでしょ（笑）。

ワタナベ　震災のときに入手したものにより、僕が変わったところ。

小宮山　そういうことじゃないと思うよ。震災以降で、何か音楽をしていて感じたこととか。ワタナベくん、仙台行ってたじゃないですか。

ワタナベ　ああ、そういうのは結構ありますよ！　ホフディランの昔の曲とかもやったんですけど、被災地に限らず、お客さんが泣いたりするんです。ここは仙台で被災地だからって気持ちじゃなくて、いつも通り、受け持った時間を盛り上げなきゃってやってるんですけど、いくつかの曲はこう……。

お客さんもグッとくるものがあったんでしょうね。

ワタナベ　ええ。仙台に限らず、今年はそうでした。ひょっとしたら、みなさんの心が揺れ動いているところに届いたのかなと思って、そういう意味ではホフの活動に誇りを持てました。言うべきことはこっちですね。

小宮山　まあ、弁当屋のくだりは本当に何だったのか。今振り返っても、全然わからない。

ワタナベ　朝のニュースの話がよくなかったね。

小宮山　ああ、つられちゃったわけね。

（笑）。では2012年はどんな年になると思いますか。もちろん、みんなきっと、明るい1年になればいいなと思っているとは思うのですが。

小宮山　うん。いい意味で、DIYなことになっていくと思います。自分たちで何か面白いことやっていこうっていう人たちにとって、いい世界になっていく気はしますよ。

可能性が広がるということでしょうか。

小宮山　逆に大きなことが成立しなくなるかもしれません。例えば今の子どもとかも出世欲とかないでしょ。それって原始人だってなくて、ただ生きていただけなんだから、いい意味でよくなっていくんじゃないかなと思います。

ワタナベ　今の子たちは食欲もないんでしょ。

小宮山　食欲はあると思うよ、人間なんだから。食べなきゃ死んじゃう。食べ物に対する関心がないということね（笑）。

町田直隆×山口進

写真©宇佐野ナギ

町田直隆　1978年12月25日生まれ、東京都出身。バンジー・ジャンプ・フェスティヴァルとして99年にデビュー。2005年に解散後はソロ活動を開始。リリース、ライヴ活動を精力的に行っています。

山口進　1976年11月8日生まれ、山梨県出身。96年アウトロウを結成、2004年にはメジャーデビュー。解散後はソロプロジェクトであるサーティーサイズを経て、2010年より夜ハ短シを結成し、コンスタントに作品も発表しています。

本インタヴューは2012年4月29日。ANTHEM誌上、初めてとなる、対談が実現しました。デビュー前からお互いの存在をよく知り、現在ではよき友でもあるふたりの歴史を長時間にわたり、お話ししていただきました。私（ヒラタマキコ）は、もともとはおふたりのファンというところからのスタートでしたが、町田くんとは共通の知人を通して数年前からの知り合い、山口さんとは同郷の出身、ということもあり、気心知れた仲間たちからも話を聞くような、とても楽しい雰囲気で時間を過ごしました。私も友人と話すかのようなフランクな口調となっていますが、雑談も含めての超ロングインタヴューとなっておりますので、たっぷりとお読みください。

まずは最初に音楽を始めるに至った、ふたりのルーツを教えてください。

町田 では、進くんから。

山口 俺はブルーハーツ。小学校5年生ぐらいだったかな。『トレイン・トレイン』で、どういうことを歌っているとか、意味とかはわかんないんだけど、心が騒いだというか。それがきっかけといえばきっかけかな。

最初に音楽にのめりこんだという感じですか。

山口 のめりこんだというのとは、また違うんだけど。よくわからない気持ちになったというか。〝なんだ、これは〟っていう。で、バンドを始めて。

もう、すぐに始めたんですか。

山口 中学校に入って、アウトロウのメンバーと同じクラスになって、〝俺、バンドやってんだ。見に来いよ〟みたいな感じになって、茶の間でやってたんだよね。

町田 それは、民家ですか?

山口 そう。

町田 えっ、そこにドラムセットとかもあるんですか?

山口 子どもは、お金がないから。

町田 練習パッドとか？

山口 それもなくて、ヘッドだけとか。でも、ドラムを叩いていた子が小さい頃から英才教育を受けてるやつで、すごくうまかった。セットを買うお金がないから、パーツごと買っていくわけ。例えば、スタンドだけとか。でもモノがないからしょうがない、ヘッドだけ叩いて。

町田 ディアゴスティーニみたいな。

山口 そうそう（笑）。それで、ヴォーカルがいなくて、〝じゃあ、お前やれよ〟みたいな感じが一番最初。バンドとは言えないけれど、単に騒ぎたかったんだろうね。

町田 早いですね、中学生からバンド活動するなんて。

山口 バンドって感じじゃないけどね。

そのメンバーでずっとやっていたってことですか。

山口 そのドラムの子は途中でやめて……やめるも何も、結成もないから、散り散りとなり。でも、（アウトロウの）ギターの竜司とだけは、ずっと一緒にやっていて。

一番最初にライヴをやったのは、高校生ぐらい？

山口 中学卒業で、〝ライヴやろうぜ〟みたいになって、俺は〝嫌だ〟って言ったの。

えっ、何で？　人前が嫌だったとか？

山口　プロ意識っていうか、体育館みたいなところを借りて……体育館だよ？

町田　その時から、プロ志向があったんだね（笑）。プロ意識が高い！

山口　ちゃんとしてなかった。

町田　恥ずかしい？

山梨だと、そうなっちゃいますよね。

山口　ライヴハウスがないところだから、ノウハウとかもわからないし。体育館を借りて、セットも何もないから、中学校からドラムセットを借りて。

町田　へえ、最高じゃないですか。

山口　アンプとかもないから、普通のステレオ持っていって、前に出して、みたいな。それが一番最初だったかな。ライヴっていうか、恥ずかしい思い出。

でもすごいね、中学生で自力でライヴ。

町田　映画化できそうだよね。

いきなり自主企画のライヴですよ。一方で、町田くんはどうですか。

町田 僕、すごく長いんだけど、いいかな？　次の進くんのターンが来るまでに1時間ぐらいかかっちゃうよ。

どうぞ、どうぞ。

町田 まず、きっかけは、僕、親父がギターを弾く人で、小さい頃からエレキとかが家にあったんだよね。でも小さいときは親父がギターを弾くのがすごく嫌で、煩いし。〝お前に曲作ったよ〟とか言って、よくわかんない歌書いてきて、うざくて。子ども心ながらに、センスがないのがわかるのよ。

言うなあ……。

町田 すごい嫌でね（笑）。でも、親父がやってたっていうのが根本にあったんだよね。直接的にはやろうと思わなかったんだけど、小学校に入ったときに、担任だった先生がすごくいい先生で、落ちこぼれに優しい先生だったんだよ。僕、全然勉強できないし、クラスのみんなに馴染めないタイプだったんだけど、その先生が必ずレクレーションとかの時に弾き語りをしてくれて。フォークが好きな先生で、チューリップとか、オフコースとか、歌ってくれるのよ。それでギターっていいなって思って。

お父さんのはダメだったけど、先生のはよかったんだ。

町田　そうそう。親父によって受けたギターへの嫌なイメージが、先生によって払拭されたというか。さらに、兄貴がバンドをやっていて、従兄弟もバンドをやっていて。

お兄さんとは何歳離れてるんだっけ。

町田　３つ上なんだけど。だから、なんかもう、やる運命だったんだよね。それで、バンドとかを好きになるきっかけは、ブルーハーツとか。一番最初はT．M．ネットワークが好きになって、それから邦楽を聴くようになって、バンドはやっぱり最初はブルーハーツだよね。それで、その後はバクチクとか……あっ、ボウイだ。

ですよね、いつ言ってくるかと思って。

町田　そうそう、ボウイが死ぬほど好きになって。小学校5年生ぐらいかな、毎日ボウイ聴いてたの。そしたら逆に〝ギターなんて弾けないな〟って思っちゃったんだよね。布袋（寅泰）さんってめちゃくちゃうまいじゃん。こんなこと、自分ができるようになるはずがないって思って。

小学校5年生で挫折？

町田　だってライヴ映像とか見るとさ、子どもにはすごいことやってるように見えるのよ。指とかすごく早く動いて、ぐるぐるまわりながらさ。しかも、背高いし（笑）。大人になっても、こんなことできるはずがないって思って、ギターやりたいけど、小学校時代は触れないまま終わった。中学校に入ってから、ボン・ジョヴィが好きになって。当時、流行ってたんだよね。洋楽といえばボン・ジョヴィとか、ハードロックが。

何年ぐらいですか。

町田　90年ぐらい。ニルヴァーナとか出る前で、その時期って空前のハードロックブームだったの。

山口　うん、そうだね。

町田　その頃、初めて行った洋楽アーティストのライヴが、いや、初めて行ったのはジーザス・ジョーンズだったんだけど、2回目がガンズ・アンド・ローゼズなの。完全にハードロック系が好きになって、ボン・ジョヴィのCDを買いに、従兄弟とCD屋さんに行ったのね。それで聴きたい曲が入っているCDのジャケットが、女の人のおっぱいがボンってなってるジャケットで、恥ずかしくて買えない。〝親からもらったお金で、このCD買うの、どうよ〟って従兄弟と相談して、怒られないか心配で。

子ども心ですね、かわいい。

町田　だって絶対、親って〝どんなCD買ってきたの？〟とかって言って見るじゃん。〝これ、見せられないよ、やめよう〟って話になって。CD屋さんの『B』の次の棚って『C』じゃん？ そこにクラッシュが置いてあってさ。

そこで、クラッシュなんだ！

山口 ね、ドラマがあるよね。

町田 そのCD屋さんが、その時ちょうど、パンク特集みたいなのをやってて、クラッシュの『白い暴動』が面出しされてたのね。〝これ、安いし、なんかジャケットがカッコイイから〟って買って帰ったのよ。その頃、洋楽って、ビートルズみたいなのか、ボン・ジョヴィみたいなのしかないって思ってたから、そのどっちかだろうと思って聴いてみたら、全然違うじゃん。もうふたりでショック受けて、〝酷いな、これ！〟って。中学生から聴いても演奏下手だし、歌もがなってるだけだし、とんでもないものを買っちゃったと思って。

第一印象は悪かったんですね。

町田 うん。ボン・ジョヴィみたいの流れてくると思ってるからね（笑）。ロックでもこんなのあるんだって衝撃的だったね。せっかく買ったCDだから、半分ヤケになって、ずっと聴いてたんだけど。

子どもの頃、お金がないときって、失敗しても、ずっと繰り返し聴くよね。

町田 そうそう、それで聴いていくうちに好きになっちゃう。それで、これってギター、めちゃくちゃ簡単なんじゃないかなって思ったのよ。子どもの耳で聴いても、音を3つぐらいしか使ってないんじゃないかって。家にギターがあったから、音を探ってみて。『白い暴動』の1曲目の『ジェニー・ジョーンズ』の出だしのキーがEなのね。Eって六弦の開放なのよ。それで出だしに合わせて、たまたまEを鳴らしたら音が合って、〝ギター弾けるじゃん！〟って。あれが人生で一番の事件だった。〝ギター弾けた！〟っていう。

布袋さんのときの真逆の状況になり、ギターを始めたということですね。

町田 そう、真逆で、嬉しくなっちゃって。そこからギターってフレットを押さえたり、コードがあるってことを知るみたいな。

たまたま、クラッシュの『白い暴動』だったから、今があるという。

町田 うん。ピストルズだったら、1曲目のイントロがDだから、六弦の開放じゃ出せない音だった。

でも、以前に本誌の企画で、〝人生に影響を与えた一曲〟というテーマで選んでもらったら、ニルヴァーナだったよね。

町田 その話、続けていいの？

話を振っておいて〝しまった!〟と思っています。

町田 あのね、ギターを始めるようになると、兄貴のバンドを一緒にやってる人たちが、〝町田の弟、ギターやってるんだって?〟みたいな感じで、よく話してくれるんだけど、兄貴のバンドはハードロックとかメタルだから。

アンセムみたいな?

町田 そうそう、それこそ、アンセムみたいな。ハードロックってめちゃくちゃ難しいのよ。すごく嫌になっちゃったよね。

上がったり下がったりしてね。

町田 どんどんギターが嫌になっちゃって。でも、その都度、ラモーンズとかに出会って、〝やっぱり、これ、できるわ〟とか、その繰り返しだったよね。

パンクに助けられたんですね。

町田　中学校のとき、初めてバンドを組んだ。隣の席だった、テラシマさんっていう女の子がいて、その子がギターを持ってた。全然気が合うタイプじゃなかったんだけど、ギターを持ってるっていう共通点だけで、バンドやろうって話になって。

山口　へえ、じゃあ最初は女の子と一緒にバンドやったの？

町田　そう。中学校に英語のヒアリング教室みたいなのがあって、英語の先生がロック好きな先生で、放課後そこを使って練習していいって言ってくれて。ドラムはいなかったんだけど。

　えっ、ふたり？

町田　ふたり。だから、最初はユニットだよね。

　テラシマさんとふたり？

町田　気が合うわけじゃないから、最初はすごく気まずかったんだけど。

山口　そうだよね（笑）。

町田　思春期のふたりが放課後残って一緒にいるのに、全くドキドキしなかったよね、テラシマさんには悪いけど。

　どんな音楽やってたの？

町田　俺はパンクが好きだけど、全く伝わらないから。当時、エムエイジっていうバンドがいて、そのコピーとかに付き合ってた。ふたりの妥協点を探って、ジュンスカ（ジュン・スカイ・ウォーカーズ）とかやったり。

それ、メタルやるよりよかったの？

町田　結果として、ジュンスカの次の課題がビーズになっちゃって（笑）。当時の流れとしては避けられない。すごく大変だった、ビーズのカヴァーは。ギターのソロとかすごい難しいんだよ。

結構打たれ弱い。

町田　うん。速いのが苦手なんだよね。速いの聴くと、うわーってなっちゃう。まあ、それを続けてたら、人が集まってくるようになって、ベースが入って、その集まってきた中のひとりが堀越（バンジー・ジャンプ・フェスティヴァルのベーシスト）なんだよね。同じクラスだったんだけど、そこまで仲いいわけじゃなくてさ。彼はどちらかというとイケてるグループで、俺はイケてないグループだったから。

顔がイケメンだもんね。

町田　そうそう。その壁をさ、音楽が崩したっていうかさ。

なるほどね。

町田　〝ああ、壁って壊れるんだ〟って思ったよね（笑）。それで仲よくなってさ。放課後にふたりでギター触ったりして、それがバンジー結成のきっかけになるよね。全然違う高校になったんだけど、定期的に遊んでてさ。違うバンドをやってたんだけど、高校を卒業するときに一緒にやろうよっていう話になって。

『グリーン・デイ＆ウィーザー』は堀越くんとの歌？　すごい名曲だと思うんだけど。

町田　そうそう。なんか恥ずかしい曲だよね、本人には聴かせられないよ。最初の頃のバンジーのキーワードだったんだよね。俺はぶっちゃけ、グリーン・デイのコピーバンドとかやってはいたけど、そこまで好きではなくて、あいつはグリーン・デイが好きだったからさ。俺はもうちょっとグランジな音楽が好きだったし、ＵＫが好きだったたし。でも一緒にバンド組んだときに、あいつはアメリカンテイストなものをやりたがってたし、俺の中の妥協点がウィーザーだったんだよ。

好きなものが違うのに一緒にやるんだね。

町田　そうだね。音楽性でやりたいっていうよりも、お互いにこいつとやりたいっていう感じだったと思う。

山口　うん、たぶんそういうものなんだよね。

町田　音楽性はあとからついてくるというか。結局、原点はパンクなんだけど、色々なものがあってさ。グランジが流行って、所謂、アメリカン・オルタナティヴの影響は大きいよね。ニルヴァーナは大きかった。パンクとは違うアプローチでのハードな音楽っていうか、ハードロックとかメタル以外にもこういうハードな音楽があるんだなって思ったよね。

世代的にグランジだもんね。クリエイションとか、私は好きでしたね。

町田　クリエイションって普通はオアシスをきっかけに遡っていくと思うんだけど、それ以外でどうして聴くようになったの？

アラン・マッギーが好きだから。彼がセレクトした音楽は聴くべきだと思っていたし。それは山梨という場所が、情報源が本しかなかったからだと思うんです。そこで私、同郷の山口さんに聞きたかったんですけど、私は音楽と出会うのに、ライヴハウスもレコード屋さんもほとんどなくて苦労したのですが、どうしていましたか？

山口　山梨にいるときなんか、ブルーハーツとU2とビートルズとRCサクセションしか聴いてない。もうそればっかりだったよ。クラッシュとかはさすがにあったから聴いてたけど、もうそれ以外信じないぐらいの気持ちだったな。

情報源がないんですよね。

山口　全くない。

町田　それはすごいと思う。僕は練馬区とはいえ、東京出身だからさ、恵まれているよね。バスに20分ぐらい乗れば吉祥寺だし、輸入盤も買えるし。

山口　輸入盤ってなかったもん。なかった。ほしいCDなんて店頭にないから、取り寄せてもらうしかなかった。

町田　ひとつのCDを聴きこんだ濃さみたいなものは地方の人の方があると思う。

山口　そうかもしれない。全国ツアーと言っても、長野や静岡には来るけど、山梨には来ないとか、とにかくみんなどうしていたんだろうって。

山口　ライヴハウスがなかったかもしれないね。ホール規模しかなかったから。音楽をすごく聴くという環境になったのは何故かと思うんです。周りがそういう人ばかりだったわけではないでしょう。

町田　周りはいなかった。だから俺はやっぱり、本だよね、本。

同じじゃん。

町田　本とラジオね。中学校に入ってから、猛烈に洋楽を聴くようになって、当時はラジオも充実してたよね。大貫憲章さんとかもやってたよね？

うん、やってました。

町田　毎週、憲章さんがお勧めする曲を必ず特集してて、プラス新譜情報みたいなものでワンコーラス流れたりとかする番組で、全部ちゃんと聞いてメモってたもん。英語のスペルとかわからないから、カタカナでさ。

今みたいにインターネットで調べられなかったもんね。

町田　そう、聞き取りが間違えてて辿り着けなかったりするんだよね。あとは古本屋とかに行って音楽雑誌を読んで、調べていったかな。

山口さんはどうですか。山梨は本屋さんもあんまりなかったんですけど。

山口 うん、なかったよね。

町田 地方の人ですごくマニアックな人とかいるじゃん。どれだけの情熱を注いだのかなと思うとさ、すごいと思う。今だったらインターネットで何でも調べられるけど、当時は相当なアンテナだったと思うよ。

ＮＨＫ－ＦＭとかは聴けたので、渋谷陽一さんとか中村貴子さんとか、そういう人の番組なんかはよく聴けたな。

町田 布袋さんの番組はよく聞いてた。完全に視聴者を無視した内容なんだけど、ジャーマン・ニューウェーヴ特集とかやるのよ。当時ＣＤになってるものもそんなになかったのに、聴く方も結構大変だったよ。メモっても見つからないし、音楽って広いなと思ったよ。どうやったって、その流れている音楽の情報見つからないんだから、当時は。

山梨ってラジオもほとんど雑音ですから。

山口 ＦＭ－ＦＵＪＩかＮＨＫかっていう感じだったな。

ニルヴァーナの話、する？

町田　ニルヴァーナにもドラマがあってさ、池袋のウェイヴでよくＣＤを買ってたんだけど、店内でかかってたの。それで店員さんに〝これ、何ですか？〟って聞いたら、その店員さんがお惚けでさ。〝なんですかねえ〟って、すごく時間がかかったあとに、〝たぶんこれです〟ってメタリカ持って来たの。ジャケットの感じからして、これじゃないんじゃないかとは思ったんだけど、レコード屋の店員が持ってくるんだから、間違えてるはずはないだろうって買っちゃったんだよ。家に帰って聴いたら、全然違うからビックリしたね。人生で初めて、ＣＤを外して泣くっていう経験をしたね。遠くて返しに行く気にもならなくて、我慢して聴いたよね。

好きになった？

町田　好きになった（笑）。ニルヴァーナに出会うまでに、ここから４カ月かかった。違うレコード屋さんでかかってて、〝これだ！〟と思って店員さんに〝今かかってるの、何ですか？　メタリカじゃないと思うんですけど〟って聞いて。だけどまたオチがあって、その店員さんが持ってきたのが、『ネヴァーマインド』じゃないの、なぜか『インセスティサイド』を持ってきたの。だから最初に買ったのは『インセスティサイド』で、未だに『ネヴァーマインド』より好き。

ということで、ふたりはバンドを始めて、山口さんは高校を卒業して東京に出てきたんですよね。アウトロウは何歳の時に結成したんですか。

山口　二十歳の時かな。東京に出てきてからも、グダグダというか、ちゃんとやってなかった。ライヴをしてはしてたけど、お遊びというか。ドラムの子が専門学校で群馬県に行っていて、彼はもう全然やる気はなくて。ふたりで〝やろうよ〟って誘ったら、渋々出てきて、そこからちゃんとやるようになった。そうは言っても、やっている意味とか、そういうのは全くわからなかったね。惰性でやっていたような感じ。

じゃあ、〝有名になってやろう〟とかそういう気持ちはなかった?

山口　全然ない。

町田　へえ。

町田くんはすぐに結成したんですか。

町田　ドラムは同じ高校だったんだけど、堀越は別のヴォーカルともバンドやってたから、それがミックスされて、バンドを組んでた。俺はヴォーカル志向じゃなくて、基本的にはシャイだから、当時は特に。その前のバンドではヴォーカルやってたけど、そんなに真面目に歌ってなかったし、パフォーマンス重視だった。いかに暴れるか、いかにバカやるかって感じだったんだけど、ちゃんと歌うとなると恥ずかしくてさ。それで、4人で組んだ時にヴォーカルがいたから、ギターに徹しようとしたんだけど、最初のライヴが決まって、さあこれからっていう時にいなくなっちゃってさ。

失踪？

町田　そう、失踪しちゃってさ。どうしようってなったんだけど、〝前のバンドでヴォーカルやってたんだから、お前やればいいじゃん〟っていうことになって。それで嫌々スリーピースになった。でもやっていくうちに段々楽しくなってきて。

町田くんは当時から〝有名になってやろう〟とかって気持ちは？

町田　あったね。僕、笑っちゃう話だけど、高校の卒業後の進路は美容の専門学校を希望してたの。願書とかも書いてて、専門学校通いながら、たまにバンドとかやればいいなと思ってたんだけど、進路相談室で先生から断言されて。〝絶対に美容師に向いてない〟。

山口　（笑）。

どういうところがだろう。美容師さんは社交的な人かな。

町田　雰囲気じゃない？　〝お前は本当にそれがやりたいのか？　バンドやりたいんじゃないのか？〟って言われて、すごくいい先生で。〝自分、バンドやりたいっす〟みたいな。

普通は逆なのに。いや、山口さんはどういう感じで、その進路相談室に……。

山口　工業高校だったから、みんな就職するわけ。
町田　えっ、工業高校だったんですね。
山口　そう。たぶん、高校に入るきっかけとかも、どうでもよかったんだろうね。親に失礼だけど、どこでもよかった。高校に行かなくてもいいとも思っていたし。絵を描いたりするのが割と好きだから、建築科に行きたいって言って。

甲府工業高校の建築科って頭いいじゃないですか。

山口　そう、それで先生に〝お前には無理だ〟って言われて。
町田　(笑)。先生ってすごい重要なんですね。
山口　しょうがないから違う学科を受けてそこに入って。卒業する時も、みんな就職するけど、十八歳の子に決められないような気がしたの、色々な先のことを。別にやめればいいんだけどさ、就職したって。それもどうなのかなと思って。何かを作るっていうことが好きだから、ギターを作る専門学校に行って。
町田　えっ、そんなの行ってたんですか。それは意外ですね。
山口　そうそう。通ってたんだけど、体を壊して。一年目は皆勤だったんだけど、2年目は出席率が50％で。卒業の為に文章を書きなさいって言われて、その時にこれでもないなって思った。これで一生食っていくのは嫌だなって。だから常に探している感じというか。
町田　それは卒業はしたんですか。

山口　一応、卒業はした。

卒業した頃にちょうど、バンドをやり始めた。何がきっかけでちゃんとやろうと。

山口　たぶん、何か面白くなり始めたんだろうね。うん。何だろう、わからないけど。

気持ちに変化は出始めてたんですね。

山口　そう、やっていくうちに。例えば、ただ歌うだけだったら誰でもできるんだけど、それだけじゃない何かにバンドが気づいていった。〝俺はこういうことが歌いたいんだ〟とか。普通にやってるライヴって面白く無いじゃん。これはさっき町田くんが言ってたことに近しいと思うんだけど。

町田　そんなこと言ってました？

山口　どう、暴れるか、みたいな。

町田　ああ、若いときはそうですよね。

山口　全然そういうこと考えてなかったんだけど、パフォーマンス云々みたいな感じで。でも自然とやってたらそうなっちゃったっていうのが気持ちよくて、そうやって変わっていったのかなと思う。

町田　アウトロウも前期と後期でだいぶ印象が違うと思うんだけど、最初の頃とかギターの人パンツとか脱いでましたからね。

山口　俺は脱いでないけどね。得てして、俺が脱いでたみたいな見方をされるんだけど、どこに行っても。

ふたりの出会いはどこで?

山口 町田くんと最初に出会ったのはシェルターなんだよね。20歳とか、21歳とか、それくらい。

町田 対バンが誰だったのかイマイチ覚えていないんだけど。

山口 もう一個いたんだよね。

町田 イヴェンターがホットスタッフで、そのイヴェントだったんじゃないかなって気がしてるんですけど。

山口 バンジーのレコ発とかじゃなかったかな、確か。で、アウトロウはシェルターで誘ってもらったとかいう感じだった気がする。

町田 じゃあ、ホットスタッフじゃないなあ。もっと前の段階だよね。

そんなに早くにCD出してたの?

町田 そうだったかな。

山口 その音源自体はポシャったとか言ってたよ。録ったけど、出してないって。

町田 っていうことは……なんだろうな、それ。結構ポシャってるからな。

ポシャるってどういうこと?

町田　レコーディングしたんだけど、色々と揉めちゃってリリースしなかった作品。

山口　やっぱりその当時から、すごいなって思って。そういうことも含めて。

そのときってハイラインレコード時代？

町田　違う。ソニーのとき。20歳でデビューしたから。レコーディングしてたときが19歳だったんだけど、たぶんその頃だったと思う。

初めて会った印象は。

町田　なんか、カッコイイなって。アウトロウってルックス、カッコよかったんだよ。音楽ももちろんカッコよかったけど、男が見てカッコイイっていうルックスだったんだよね。骨っぽいバンドというか。俺たちもそういうのやりたいんだけど、見た目的にへなちょこな感じもあったし、そういうコンプレックスだよね。同じスリーピースだったし、理想の人たちがいるって思った。第一印象、どうでした？　俺、結構最悪だって言われるんですけど。

山口　最悪ではなかったよ。ものすごいよかったかというと、それは嘘になるけど。

町田　（笑）。

山口　アウトロウよりすごく音楽的だったんだよね。俺たちは、スリーコードしか知らないって感じだったから、音楽性だったりとか、雰囲気とか、例えばこう、大人の人たちの中にいるっていうことだったりとか。

高嶺の花じゃないけど、ちゃんと事務所があって。

　レコーディングもちゃんとして。ポシャってるけど、それもまた。

山口　なんでポシャってるんだろうって。なにかが気に入らなかったんだろうな、みたいなイメージしかないから。

町田　ポシャってる理由も、〝こんなもの出せるか！〟みたいな感じだったらいいんだけど、そうでもないんだよね。完全に社会不適合者みたいな感じで。

山口　俺は本当に、バンドが〝やってらんねーよ！〟ってポシャってるっていうイメージだから、完全に。

町田　そういう風に見せようとしてた、俺も。

山口　まんまと騙されてたね。そのあとはスピードボウルだね。

町田　スピードボウルっていうイヴェントが、あれは何年ぐらいかな。

山口　バンプ・オブ・チキンがまだデビュー前で、でももうすごい売れ始めてたっていうときだったよね。

町田　当時のインディーズバンドが2日間、赤坂ブリッツに集まって。

山口　40バンドぐらい。1組3曲ぐらいしかやらなかったもんね。

町田　そういう事件となったイヴェントがあって。同じ日でしたよね。俺たちはトリ前。俺たちの前はシロップ16g。

山口　ゴーイング・アンダーグラウンドとかも出てたね。

当時は喋ったりは。

山口　しないしない。町田くんと喋るようになったのは、俺が吉祥寺に引っ越してきて、26歳ぐらいの頃かな。駅を降りたら、町田くんが向こうから来て、バッタリ会って。「吉祥寺に住んでるんですか?」って話をして、町田くんは若草荘(『バイバイ若草荘』という曲にもなっている)に住んでいて、一緒に帰ろうっていうのが話したきっかけ。

町田　お互いの存在を認識してから、仲よくなるまでに、だいぶ時間がかかりましたよね。当時は今よりもさらにお互い、寡黙でシャイだったと思うんだよね。だからお互いの存在を気にしていながら、なかなか仲よくなれずにいて。

イヴェントで何度も顔を合わせてもなかなかそうはならないんですね。

山口　仲よくなる人もいるけどね。タイプにもよる。

町田　今の若い子って、意識して仲よくなろうとしている感じがする。人間的にまともなんだと思う。俺たちのときはみんな曲者だし、プライド高いし、ライヴァル意識が強いから、そう簡単に仲よくなってたまるか、みたいなのはあったよね。口もきかないとかあったもん。すごい気になって、曲とか知ってて、テープとか持っちゃってるんだけど、口きかないとか。

山口　あった、あった。

町田　昨日も真空メロウとバーガーナッズとイヴェントが一緒で、やっぱりそういう話になって。こういう年になったから、仲よく話せるけど、当時だったら頑なに喋らなかったよねって。

山口　ピリピリしてたからね。ライヴの前とかも。

楽屋も一緒でしょ。

山口　こいつは絶対に話しちゃいけないって思ってたって、よく言われたね。

町田　だって、モヒカンだったもん。リーゼントみたいな。

山口　一緒一緒。俺なんか絶対に話しかけたくない人って言われてたもん。

覚えてる。昔、話しかけたとき、すごくそっけなかった。

山口　怖いんだよね、たぶん。心の隙間に入らせないみたいな。今もそういうところはある。仲よくならないと話せないというか。

町田　若いときって、特にパワーがあるから、そういう感じになりますよね。今は自分がそういう人間だってわかるから。

当時はコントロールできなかった。

町田　コントロールできないし、シャイな自分をうまく認められないというか。変な人当りになっちゃうんだよね。

吉祥寺の一件で意気投合したっていうこと？

山口　うん。

町田　でも俺は、進くんは悪い印象は全く受けなかった。

ほかに仲よかったバンドは？

町田　僕ら、浮いてたよ。同期はいっぱいいるんだよ。でも、うまく馴染めなかったから、今があるっていう感じ。

山口　そうだね。

町田　基本的にシャイだし、マイペース人間なんだと思う。音楽やってる以上は一発当てたい気持ちはあるんだけど、それよりも自分が本当に好きだと思えることをやるとか、楽しいと思えることをやるっていうことを優先してしまう。

山口　うん、うん。

町田　だからこそ、続けられている。そこに理由があると思う。ゴールが認められたい、売れたいだけだと、思うようにいかなかったときにそれが挫折になっちゃって、諦めになって、やめたくなっちゃうと思うんだよね。でも僕たちは、そこがゴールじゃないから、続けられているのはあるかな。

でもそうは言っても、認められたいじゃないですか。そこの葛藤だよね。

町田 難しいところだよね。ミュージシャンである以上、人前に立つ以上は売れたいという気持ちはあるよ。

山口 ないとダメだけど、それぱっかりだとダメだし。

同期でやめていっちゃった人も多い？

町田 まあ、多いよね。

山口 それもタイプなんだろうけど。やめ方がわからない。そんな気がしない？

町田 確かにそういう域に来ている。やめるのが難しいなって。

やめたいって思うことありますか。

町田 もちろんあるよ。1日に3、4回思うね。

山口 そんなに（笑）？

町田 そりゃ、思いますよ。もうやってらんねーよ、こんなことって。だけど、やっぱり、やめられないんだよね。ライフワーク化してくるんだよ。これを10年以上やってるんだから、もう生活だよね。自分の生活のリズムが音楽をやる用になってるんだよね。だからきっかけだよね。やめざるを得ない状況になれば、例えば両親が亡くなって、稼業を継がなければならないとか、介護をしなきゃいけないとか。うちはそういうのないんだけど、そういう理由でやめざるを得なかったやつもいたよね。だから理由はふたつだよ。もともと何に重点を置いて音楽活動をしていたか。売れること、成功することを目標にやってたら、30歳超えて、そうなってなかったらやめるよね。もうひとつは家庭的な理由だよね。自分が家計を支えなきゃいけないとか、結婚して子どもができて、稼がなきゃいけないとかさ。幸いにもそのふたつの理由に該当しなかったってことだよ。

でも見てると、該当してもやめなさそうだけどなあ。おふたりは一度メジャーデビューして、大きな舞台で活躍して、第2の音楽人生を始めるとき、重視したことってなんですか。葛藤していた時期もあると思うけど。

町田　ずっと葛藤してるよ。

でも何か見えてこない？

町田　事務所もレコード会社もバンドもなくなって、年齢も30歳近くになってきて、すごく悩んだよね。でもがんばれるきっかけになったのは、自分より少し年上の30代のミュージシャンのタフさ。そういうのを間近で見れて、話す機会があって、大変なんだろうけど、楽しそうに見えた。こういう風になりたいなって思った。それが大きかったかな。フラワーカンパニーズとか、ホフディランをやっていないときにワタナベイビーさんもひとりで年間１００本くらいライヴやっていたりとか、トモフスキーさんとか、数え上げればキリがないんだけど。大手のレコード会社や事務所に属してなくても、音楽で生きていけるんじゃないかなって思ったんだよね。

山口　俺は町田くんにそういうのを感じてた。俺はアウトロウをやめたときに、町田くんのほうが先だったじゃん。

町田　1年早く解散してた。

山口　俺がひとりでやってたときに、町田くんが引っ張ってくれたというか。ライヴやろうよって言ってくれたりとか、そういうのもすげえなって思った。同世代でそんな風にやっている人はいなくて。やり方がどうのこうのって、町田くんも色々言われたことあるだろうけど、それでも突き進んでいる感じに影響を受けた。

町田　そういう風に言ってもらえるのは、本当に嬉しいです。

山口　同じようなことをやる人がいても、真似できないことをやってるんだよね、町田くんって。竹原ピストルくん然り。

ピストルさんも同世代ですか。

山口　彼は同い年。だから、感謝っていうのは気持ち悪い言い方だけど。ソロになってから町田くんが、吉祥寺の曼荼羅か何かで誘ってくれて、俺なんかお客さん全然呼べてないのに、ギャラをくれて。「お客さん呼べてないいし、いいよ」って言ったら、「そういう意味じゃないんだ。これは対価じゃないけど、受け取ってほしいんだ」って言ってくれて、すごく感動して。

カッコイイじゃん！

町田　たまにはカッコイイんだね（笑）。いや、でも俺は自分が歌ったっていうことで、お金を貰うってことを知るのは大事なことだなと思うんだよ。バンドのときって、お金は事務所に行って、それが給料に変わって、自分でやったライヴが直接自分の収益になってなかったから、全くわからなかった。それがソロになって自分でやってみて、こういうことなんだってわかって、すごくリアルじゃない。お客さんが払ってくれたお金が自分の懐に入るっていうのは。それを経験して、ステージに立つことの重さだとか、お金を払ってもらうことのありがたさを、ミュージシャンだったら知らなきゃいけないことだなって思って。だから動員っていうことじゃなく、これだけの人が進くんの歌を楽しんでくれたっていうことで払ったと思うんだけど、違うかな。

いや、わかんないけど、そうじゃないかな。そんなエピソードがあったんですね。

町田　ありがたいことでもあるけど、同時にプレッシャーでもあるんだよね。いっぱい入れば入るほど、これをもらえるだけのライヴを俺はできたかなって思う。ミュージシャンにとってはすごく大事なことだね。それは絶対に経験しなくちゃいけないことだし、給料でもらっていたら実感がわかないと思う。

山口さんは現在の夜ハ短シを始める前に、色々活動されていましたよね。

山口　うん、ソロだったり、サーティーサイズっていうのをやってた。アウトロウの事務所の社長が、解散して弾き語りをしていたときに「フラットな気持ちで見に行くよ」って一度見に来てくれて、まだ可能性があるかもしれないっていうことで、やり始めて。でも〝こうしたい〟っていう気持ちが希薄だから、社長から言われると、その通りになっていっちゃうっていうことがすごく多いんだよね。初めはそんな感じだった。曲を作らなきゃいけないっていうプレッシャーを与えられて、がんばって作るんだけど、年間3曲ぐらいしか作れないから、尻すぼみになっていってしまって。やっぱりひとりでやりますって、事務所をやめて。だからサーティーサイズは1、2年ぐらいかな。それで今のメンバーと一緒にやろうっていう流れになった。

バンドはどれぐらい活動されているんですか。

山口　まだ2年ぐらい。今のメンバーとやるのは面白いから。

町田　すごく仲がいいんだよね。なかなかこの年になって、こんなに仲よくやってるのは珍しいと思う。

山口　32歳と27歳で、年下なんだけど。

町田　高校の部活みたいな感じなんだよね。

町田くんはバンドは？

町田　僕もバックバンドつけてやっていたんだけど、単純にメンバーが忙しくなっちゃったりしてできなくて。でもまた、堀越くんが「バンドやろうよ」って言ってくれて。俺、バンド組むの恐怖症になってて。バンジーを解散するとき、やりきった感があって、もうバンドはいいやって思ってたんだけど、堀越くんとだったらいいかなって思って始めたんだけど、まだ全然わからないからね。でもこの年になって新しいバンドを始めるって楽しいなと思ってる。

山口　楽しいね。

ライヴ活動を活発にされていますよね。かなり労力がいると思うんですけど。

町田　ライヴをやらないほうが労力を使うと思うよ。生きててつまんないもん。確かに疲れるから、時々は〝今日やったらもう当分やらなくていい〟って思うんだけど、やってないときはペース狂うよね。何すればいいかわからないから。最近、実感するね。家にいて、将来どうしようかなって考えているほうが、遥かにつらいよ。

それはわかる。でも、考えたくないからライヴをやっているわけじゃないでしょう。

町田　もうライフワークにまで進化しちゃったんだろうね。ライヴをやって初めて、町田直隆になれる！みたいなところはあるよね。クソみたいなライヴをやる日もあるけど、それも含めて、地上に生きているみたいな。

山口　カッコイイな。でも、ラクかラクじゃないかということを考えたりもしない。ライフワークみたいなもので、当たり前というか。

非日常的なものではない？

山口　なかったらなかったで、普通に過ごすかもしれないけど、そのライヴ1本にかける労力を苦とも思わないし。

ライヴとCDを作ることって違いますか。

山口　ある種一緒だけど、違うかな。どっちも面白い。CDを焼いたりするのも、面倒くさいけど、嫌いじゃない。

町田　僕はレコーディングよりもライヴのほうが好き。レコーディングは得意じゃないんだけど、ライヴは形にできないじゃない。だからCDを作っているっていう感じだね。本当はライヴの空気、そのときの時間の感覚、人の雰囲気、そういうものが形にできればいいけど。

それはユーストリームでもできない。

町田　できないでしょ。だから僕はやっぱりライヴで、ライヴ以上のレコードはないよね。

なるほど。ふたりがライヴ会場でCDを販売しているのを見ると、いつもよく売れているなあって思うんですよ。

町田　売れないときもあるよ。全然売れないときは、自分の存在を否定されたような気持ちになるね。でも大事だと思うね。ライヴを見て、そのときの気持ちを持って帰りたいと思う人が買うわけだよね。

そう。自分がお客さんの立場で言えば、ライヴがよかったと思うところと、そこからCDを買って帰ろうと思うところの地点って、全然違って、そこはハードル高いと思うんですよ。今は配信とかもあるし。

町田　ちょうどお客さんの世代がCD世代なんだよね。ダウンロードの仕方とか、俺だってわかんないもん。

山口　俺もわかんない。

町田　俺たちにとってCDってやっぱりすごい大事なものなんだよね。もっと上の世代はレコードかもしれないけど。そういう気持ちがお客さんにも伝わるんじゃないかな。

山口　例えばCD買ったらジャケット見ながら聴いたり、どこで録音してるのかなとか、どうでもいいのにマネージャーの名前みたりさ。

町田　確かにクレジット見るのって地味な楽しみだよね。

山口　配信とかって、歌詞はどうやって見るの？

ないですよ。

山口　ないの？

町田　インターネットで調べないと。でも、これからは配信になっていくんでしょ？

どうですかね。そんなには伸びてないみたいですけど。

町田　アメリカとかは？

向こうはもうあんまりＣＤはないみたい。こんなにレコード店が多いのも日本ぐらいで。

町田　じゃあ、もしかすると日本だけはＣＤ文化が残る可能性があるってこと？　でも、他の国よりは重宝されるかもしれないけど、世界がそうなっていけば、日本だってわからないよね。ミュージシャンとしては音質が下がるのは嫌だよね。ＣＤって音がいいんだなって最近思ったもん。僕は本心言うなら、配信は嫌だよ。形があるものじゃないと嫌だよ。

１曲単位になってしまうというのもあるよね。

町田　アルバムの醍醐味ってあるじゃない。ちょっとでっかい話になるけど、俺はもう基本的に人間は進化しなくていいって思ってるから。これ以上、便利になっても楽しくないよ。便利になるんだったら、もっとトコトンなってほしいよね。音楽がデータになるなんて、温いよ。音楽をそのまま脳に取り込めるとか、そこまで進化してくれれば面白いけどさ。

ライヴの話に戻りますが、ライヴってお客さんも一緒に作っているというか、CDとはそれが違うなって思うのですが、どうですか。

町田 左右されるよね。ライヴってお客さんと作るバイオリズムなんだよね。どんなにいい演奏をしたとしても、お客さんのレスポンスがあまり感じられなかったら、盛り上がらないし、でもお客さんをうまくほぐして、楽しい気持ちにさせるのも僕らの役目だし。単純に音楽を演奏するだけではなくて、コミュニケーションだから。ちょっとした一言で空気が変わるわけで、結局は人と人とのコミュニケーション。うまくいくときもあれば、うまくいかないときもある。それが面白い。

山口 町田くんが言っていることはすごく当たっているんだけど、苦手なんだよね。誰かとコミュニケーションをとるっていうことが。エンターテインメントって何だろうって考えると、例えばアイドルとかもそうだけど、そういうのにリアリティを感じない。そういう演出って大事だと思うんだけど、もっとジリジリしているところ。来てくれた人のためにっていうより、ライヴで歌っていて、楽しくなって、わーってなったとして、それがお客さんに伝染してわーってなったら、それが一番正しい気がする。そういった意味ではダメなライヴも多々あるし、今日の自分は乗らなかったなっていう。

作られたものじゃなく、自然と。

山口 そういうものが正しいかなと思う。

今はいつもバンドで楽しそうですもんね。

山口 うん、楽しい。ドアを開けやすくするというか、滑らかにするっていうこと。3人で目を合わせてニヤッて笑ってみたり、意識的にというよりは、目が合うとそうなっちゃうっていうか。

言葉でコミュニケーションをとるよりも、音楽のほうがとりやすいですか。

山口 わからない。

町田 進くんの場合はね。って俺がでしゃばって言うのもなんだけど、人によってコミュニケーションの取り方って違うと思うけど、進くんの場合は声でコミュニケーションする。歌声で。MCが流暢なタイプじゃないし。

わかる気がする。歌い出すと、グッとね。

町田 そうそう。第一声が全てを語る。

山口 うーん、ありがたい。MCは……しょうがないと思うね。

町田 やっぱり人間性だよね。進くんはMCが得意ではないって自分で認識しているから、あんまり喋らない。俺は認識しているにも関わらず、喋りたくなる。それでどんどんグダグダになっていくっていうのが多々あるから、それは学ばないといけないな。

山口　いつも喋ってるみたいに喋ればいいじゃんって、よく言われるんだけど、普通に喋ってもうまく喋れないもん。

（笑）。1対1じゃないというのが難しいですよね。

町田　やっぱり、こっちが一生懸命やっても、届かない人には届かないし、届く人には届く。若い頃は、何が何でも届けてやろうって思ってて、それもいいことではあるんだけど、そのことに気をとられて自分のペースが狂っちゃうこともあったから。

山口　昔は「お前ら話聞けー！」とか言ったことあるもん。

町田　あるある。「聴く気ないなら帰れ！」とか。無駄な尖り方だったな。

自分がお客さんとして行ったライヴで印象に残っているものはありますか。

町田　たくさんあるな。キリがない。最初に行ったのは布袋さんのライヴ。出てきたときに大興奮。「俺たちを指さしてたよ！」とか、帰ってから兄貴と二段ベッドで話したね。

山口　俺は最初は先輩のライヴだったと思うけど、ちゃんとしたミュージシャンのライヴはブルーハーツかな。

町田　当時のブルーハーツを見れたのは羨ましい。「こっち見た！」みたいにならなかったですか。

山口　参ったなあって感じかな。

町田　(笑)。先輩とか友だちとか、近い世代で印象に残ってるのとかありますか。

山口　バック・ホーンかな。彼らがまだ20歳ぐらいの頃かな。立ち尽くして、泣いていた、みたいな感じだったな。彼らがそこに生きていたっていう。よく知っているやつらなんだけど、ギリギリのところにいたっていう感じ。俺もこんな風に歌いたいって思った。

町田　俺はバンプ・オブ・チキンかな。やっぱり別格だったなって思う。デビュー前から見てるけど、求心力がすごくて、あんなのは見たことないね。金輪際見ないと思う。渋谷の屋根裏のイヴェントで、トリがバンプで、その前のヴィジュアル系のバンドのファンが多くて、それを目当てにお客さんは来ていたから、終わったら大半が帰っちゃったんだよね。その頃って演奏もかなり下手だったんだけど、でもなんかもう華が違うんだよね。〝なんだ、こいつら〟って思って。残っていたお客さんも気がついたらどんどん前に行って、その場に残った人はほとんどCD買ったと思う。こんなことがあるんだって思った。生まれ持ったものが違うんだなって感じた。

長いインタヴューとなりましたが、そろそろ締めに入るとして、おふたりの今後の展望を教えてください。

山口　まず、続けることではあるけど、具体的に計画して行動できるタイプではないので、瞬間瞬間でやっていければいいなとも思うし、でもいい年齢だから、ちゃんと考えなきゃいけないなとは思うんだけど。そうだな、続けることと、音楽の旅をしたい。具体的に言い始めたキリがないんだけど、ひっくるめて言うと、続けることかな。どう続けるかは、そのとき考えます。

町田　続けることが一番だよね。最近すごく感じているのは、僕ら30代で、30代のミュージシャンががんばりどきだなって思っていて、20代のミュージシャンに直接影響を与えられるのは、俺たちがカッコよく、楽しくやっているかどうかが、後のことに関わってくるって、そういうことを考えるようになった。自分が影響を与えられたように、そういうポジションになってきたって思う。続けることは前提だけど、いかに生き生きやっていられるか。

夢と希望を与える立場ですね。

町田　20代のときは30歳なんて、おっさんだから、そんな年までやっていて、いいことあるのかなって正直思ってたけど、でもこの年になってようやくわかることとか、できることとか、胸張って言えることとか、いっぱいあって、30代にしかできないことがあるなって思う。楽しくやりたい。いろんなポジションがあると思うんだよね。同じ30代でも、もっと人気のある人たちの活動の仕方と、僕たちみたいな地道に活動するミュージシャンのやり方と。でも絶対に俺たちにしか言えないことがあって、できないことがある。だからそういう役割を与えられたのかなって気がしますね。最近、よく同世代のミュージシャンとも話すんだよね。

最後ですが、東日本大震災から1年経ちました。ふたりが音楽をやっていて、今、音楽ができること、与えるもの、何でもいいので、聞かせてもらえますか。

町田　震災っていうのは、被災地の人たちの生活を奪ったということ以上の影響があったよね。それは単純に地震の被害だけじゃなくて、原発事故もあったりとか、この国で暮らすということについて考えさせられることだった。ひとりひとりのあり方だとか、文化というもののあり方とか。世の中、余裕がなくなっていくと、人は無駄を排除したがるというか、潔癖症になってくる。でもいろんなものがあって、人間は成り立っているから。人が生きていく上で、音楽はなくてもいいものなんだよ。それでも生きていける。でもなくなってみて初めて気づくこともあって、音楽って糊しろの部分で表には出ないかもしれないけど、糊しろがなかったら立たないわけで、でもそういうものを排除しようとするから怖いよね。

原発事故もあったから、できなかったときもあったかもしれないけど、それでも今こうやって音楽活動をしているわけですよね。そこには思いがあるんでしょう。

町田　必ずしも人間の体って物質だけでできているわけじゃない。形ないものに救われたりする。うまくまとめられないんだけど、音楽はないとダメだよね。衣食住さえあれば生きていけるんだけど、実はそれだけじゃ生きていけない。なぜ、音楽が太古の時代から存在し続けているかっていうことだよね。音楽と一緒に生きてきたわけだから。幸いにも震災後、早めに仙台に行って歌えたんだけど、俺が励まされたよね。俺のほうが音楽を信じられなくなっちゃってた。ライフラインが復活してない時期で、見に来るのも大変だっただろうけど、本当に楽しそうにしてくれて、自分にとって大きい出来事だった。こういう時期に音楽をやるべきじゃないんじゃないかと考えた自分を恥じたね。

それはそのときにやった人しかわからない気持ちだね。山口さんはどうですか。

山口　音楽って涙を流すためにもあるし、涙を乾かすためにもある気がしていて全くそういうことなんだと思う。音楽の持っている可能性があるか、ないかは誰にもわからないし、きっと震災があってもなくても、俺たちは音楽をやると思う。震災のとき、俺は東京にいて、すごい揺れたけど、目の前で人が死んでるわけじゃないから、そういうリアリティはない。実際に被災した人の痛みとか悲しみとかを想像するしかできないけど、俺の想像なんか遥かに超えているわけで。

震災当日、レコ発ライヴだったの。家ですごく揺れたんだけどそれでもライヴハウスに行ってリハーサルまでして、俺はやる気満々で。うちってテレビがないから、どういう状況になっているのかも全くわからなくて。ライヴハウスのテレビで津波の映像を見て、正直、ライヴができないということが悔しかったりもしたけど、現地の人はそれどころじゃないと。その瞬間、音楽が必要とされていたかといえば、されていないと思う。生きることが第一で。でもそのあとに、音楽の可能性っていうのは想像しているよりあるし、想像しているよりもないって思う。心情としては、震災があって、そのことについて歌うということは、自分では考えなかった。たくさんの人が亡くなったけど、事実は受け入れなければならないわけで。当事者じゃないから、他人事って言われるかもしれないけど、人が死ぬっていうことはきっと何かしらの意味があって、死んでしまったことはとても悲しいけど、受け入れて生きていかなくてはならないし、そのときに音楽がその人の隣にあればいいなって思う。きっとそこに誰にもわからない可能性があると思うね、音楽には。

渡辺俊美

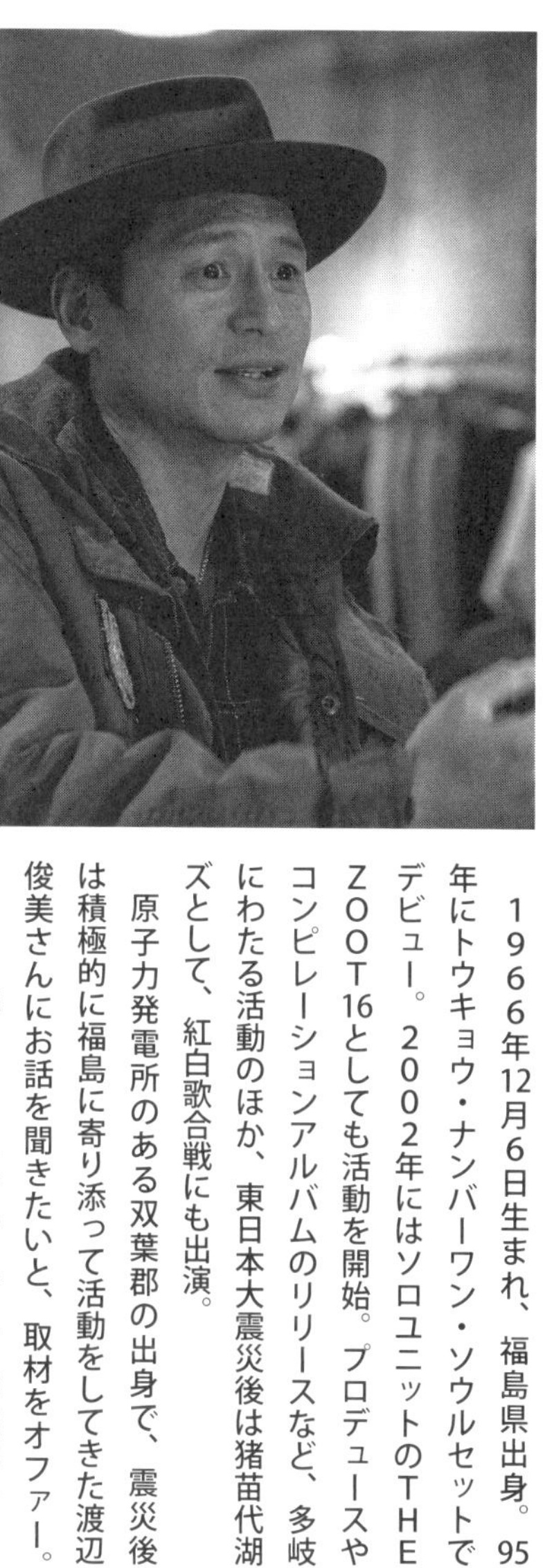
写真©那波智彦

１９６６年12月６日生まれ、福島県出身。95年にトウキョウ・ナンバーワン・ソウルセットでデビュー。２００２年にはソロユニットのＴＨＥ ＺＯＯＴ16としても活動を開始。プロデュースやコンピレーションアルバムのリリースなど、多岐にわたる活動のほか、東日本大震災後は猪苗代湖ズとして、紅白歌合戦にも出演。

原子力発電所のある双葉郡の出身で、震災後は積極的に福島に寄り添って活動をしてきた渡辺俊美さんにお話を聞きたいと、取材をオファー。２０１３年２月８日にインタヴューが実現しました。福島を丸ごと大特集した７冊目の表紙を飾ってくださり、震災から2年経った今を語ってくれました。このときにリリースされていたソロアルバム同様に、優しさと強さに包まれた、まっすぐなまなざしで話を聞かせてくれた姿がとても印象的でした。また、発行後は福島の方々から「ありがとう」というお言葉をたくさんいただき、私たちも初めて、自分たちの作っているものが誰かのためになっていると知り、とても驚きました。

俊美さんの音楽のルーツを教えてください。

ルーツはやっぱり家族ですね。ジャンルではなくて、うちは姉ちゃんが3人いまして、父ちゃんも民謡好きとお祭り好きで、太鼓も叩く人で、おふくろは鼓笛隊で学校の先生で、姉ちゃんの彼氏がみんなギター弾いてて。自然と小さいときから、小学校4年生のときから、ギター弾くようになったり、ドラム叩くようになったり。だからロックじゃないんですよね。家族の聴いてた音楽を、親父とかおふくろの友達がくれば演歌を演奏したりとか、なんでも聴きました。

個人で調べたのは『宝島』という小さな雑誌で、その影響はありますね。ちょっとメジャー思考よりも、インディーズっぽいのがすごい好きでしたね。

最初に音楽を始めた頃は、どういう音楽をされていたんですか。

フォークをやってました。アリスとか松山千春とか、ツイストとか、歌謡曲から何でもやりましたよ。洋楽はバンドをやるようになってからですね。キャロルだったり、ディープ・パープルとかレッド・ツェッペリンとか、エレキでいえばCharさんとか。ベストテン世代なので、沢田研二さんも大好きだし。でも一番最初に買ったのは『勝手にしやがれ』ですね。今でもCharさんとかジュリー、チンペイさん（アリスの谷村新司）のハットが、イメージとして残っているんだと思うんですよね。〝ハット＝ミュージシャン〟みたいな。

帽子集めてらっしゃいますもんね。

まあ、かつらみたいなもんでね。集めているというか。

東京に来てから、ロンドンナイトに足繁く通われていたとか。そのときはツバキハウス全盛期ですか。

そうですね。その頃って音楽もパンクからニュー・ウェイヴへという流れで、スペシャルズだったりとか、ジャンルからスタイルにも関心が出てきて、ポール・ウェラーの感じとか、僕が東京に来たちょうどその年代は変わり目だったと思うんです。ある程度、パンクが熟されて、でもファッションはちょっと遅れて、リアルタイムというよりも懐メロに近かったんじゃないかな、セックス・ピストルズとかクラッシュは。でも大好きだったし、田舎ではそういうので共感する人がいなかったので。

そういった意味では大貫（憲章）さんは校長先生ですよね。自由な学校だったし、好きな人が集まって、切磋琢磨して、お互い知らないやつを出し合ったりして、知らないやつを競いあったりとか、それと同時に新しいもの、ヒップホップだったりとか、ハウスやレゲエだったりとか、新しい音楽がどんどん入ってきた。みんなでいい仲間で、競い合った感じですよね。

当時の仲間は今でも仲間ですか。

怖い人もたくさんいましたし（笑）。怖いっていうか、昔は最初から仲いいわけじゃなくて、ちょっとやっぱり突っ張ってないと。田舎ではちょっとがんばった人たちが集まっているわけで、黙って下っ端になるわけないじゃないですか。「何だ、お前」って始まったりとか。そういうのはありましたね。僕、喧嘩とかしなかったですけど、単純に何か後輩から怖い怖いって言われるんだけど、喧嘩ではなくて、目上の人とかにちゃんと意見を言えたっていう、そういうのが怖いっていうイメージがあるんだと思う。普通言えなくて、「すみません」ってなってしまうんだけど、僕は屈しなかったですね。

自分の意見をぶつけるっていう。

そうです。そういうのも突っ張ってたんだと思うんですけど。いまだに目上の人は疑ってかかりますね、いい意味で（笑）。

体育会系な縦の関係もしっかりしている印象があって、不思議ですね。

大貫さんって、船長、学校長でちゃんと旗を揚げている人。それに対して、好きか嫌いかだけだと思うんですよ。音楽もそうじゃないですか、好きか嫌いか。いいか悪いかじゃないんですよ。ただ、それだけで、その中での細かいルールというのはあるようでないんですよ。あんまりルールがありすぎると、本当のスポーツになってしまう。目標が見えなくなってくる。別に俺らは勝ち負けではなくて、その旗をずっと揚げられるか下げるのかと言ったら、俺は大貫さんのロンドンナイトっていう旗をずっと掲げていきたいし、困ったときは助けたいし、困ったときはたぶん大貫さんも助けてくれるし、そういう関係でいたいですよね。それがいい縦の関係というか。横の関係でもあるし。俺ももう、46になれば初老なので、あとは奥行きかなって。どれだけその人を好きかっていう。

やっぱり人と人ですよね。

最終的には人ですからね。何でもそうだと僕は思うんですけど、信用できるかできないか。

ロンドンナイトに行っているときは俊美さんはまだソウルセットではないんですよね。

国士舘大学でした。それもちょっと武器でしたね、俺。剣道部だったんで、みんな怖くて手出さなかったですね（笑）。ロンドンナイトに行って音楽をたくさん聴きましたね。鋲ジャン着てるんだけど、スカートはいてるみたいな。なんかちょっと目立ちたくて、普通の格好じゃつまんねえなって、「何だ、お前」って言われたいというか。

個性ですか。

個性です。目立てばいいって思ってたので。オシャレとかそういうことじゃなくて、目立てば何とかなるって。

表現ですよね、すべて。

うん。目立てば声かけてくれたりとか、あいつ変だなって思われるのが快感だったりとか、18、19ぐらいはとりあえず毎日おかしな格好しようと思ってましたね。今、やっとまともになりましたね。

すごくオシャレなイメージがあります。

全然ないですよ。

ソウルセットのメンバーとの出会いは。

原宿の洋服屋さんですね。ヒロシくん（ＤＪ）とはピカソとか、ロンドンナイトでニアミスはしていましたけど。僕はもう洋服屋さんをやってたんで、まあでもソウルセットの出会いも原宿でみんな洋服屋さんで、古着屋さんだったりとか、あいつら目立ってるな、みたいな。

３人を見ていると不思議なんです。バンドって見ていると、似たもの同士が集まるか、全く違う人たちが集まるイメージで、ソウルセットは全然違う3人が集まっているのに、音を鳴らすと見事に個性が混ざり合いますよね。

なんか僕らの青春時代というか、みんなが共通する点はＹＭＯが好きなんですよ。みんな、言わないけど、聴いてたんですよ。そのYMOの関係っていうのは、バンドかもしれないけど、ユニットでもあって、個性が分かれている。楽器担当の個性とか役割ではなくて、もっと奥深い、ファッションだったりバンド魂だったり、細野（晴臣）さんみたいにアートだったりとか、もっとこう広い世界がある。だからなんとなくですけど、あの感じを目指してたんだと僕は思います。だからあんまりみんなで、ワイワイガヤガヤとか、ロックンロールではないんです。どっちかっていうとジャズっぽい感じ。仲悪くても演奏できる。ロックンロールって仲よくないと演奏できないと思うんですよ。ジャズって見なくても音だけで、役割というか、次あれだなって。そんな感じがします。

それはすごく納得しますね。ソウルセットが一度活動を休止されたのは、ノストラダムスの予言という発言もありましたけど（笑）。

そんなの嘘に決まってるじゃないですか（笑）。

実際は、なぜ一度お休みしようと思ったのですか。

あれはもうビッケ（ヴォーカル、リリック）だけが言ってたんだよね。みんな、30代になって、これでいいのかなって、このままいくのかなって。誰でもなる、まあ鬱病ですよね。いいのかなって一回はなるわけですよ。女性もあるでしょ、そういうの。

私、ちょうど今30歳ですけど、色々考えますね。

結婚なのか、仕事なのか、子ども持つのかとか。みんなそう考える年で、とんとん拍子で何の目的もなく、3人でこうやってきたから、ずっと遊びの延長だったんで。で、俺はいいんだよ、このままいこうよって。でも普通のバンドはある程度、武道館目指したりとか、ドーム目指したりとか、100万枚とか。何にもなかったんですよ。そういう話し合いもしなかったし。

だからある意味で、これやってみようかなって、ひとりでやってみようかなって、ビッケがやってみたのがナタリーワイズで、だったら俺もソロやってみようかな、ヒロシくんも色々DJのユニットやってみようかなとか。みんなそういう自分はどうすべきかみたいな、勝手にみんな相談せずになったと思うんですよね。

それぞれ活動されていて、またみんなでやろうとなったとき、メンバーの関係性は変わったりするんですか。

変わんないといえば変わんないし、変わったといえば変わったし。最初から仲いいって感じではなかったからね。ずっとセックスレス夫婦みたいな感じだから。急にセックスするような関係でもないし。ロックンロールはそこなんですよ。セックスできなくなったら解散なんですよ。離婚というか。僕ら最初から結婚してないし、ずっと付き合ってる感じですね。動物占いで狼なので、3人とも。一匹狼的な素質があるんですよね。

でもそれはそれでいい関係ですよね。音鳴らすときにはひとつになれる。

基本的にはみんな優しいんで、他人のことはとやかく言わないし、それが長く続いた理由。あとはあんまりはしゃいだりしなかった。

さっき、遊びの延長とおっしゃっていましたが、３人で音楽をやっているときは今もそういう感覚がありますか。

ちょっと真面目になりますよ。仕事のモードというか。変な話、ウケるというか奇をてらうようなことはしたくはなかったというのが３人の共通点だったと思います。だからこうやったら面白いねとか、どうやったらどうなるっていうアイディアはありますけど、わざとウケるようなことは何もしなかった。最近のほうが打ち合わせするかな。前は全然なかったですよ。

そのままスタジオ入って、音出して。

そうそう。もう詩は詩、歌は歌、トラックはトラック。

来年、メジャーデビューから20周年で、それで続いてきたのはすごいことですよね。

ねえ。本当は３人とも、何もしないで金を儲けたいタイプで、それが究極だと思っているんだけど。だから無理なことはしないというか。僕も洋服屋やってたから洋服は好きだし、レコード屋もやってたからレコードも大好きだし、最終的に人が好きだから人が集まるところは好きだし、集めるし。共通点があるのはそういうところで、それしかできないんですよ。

目に見える数字とか規模ではなくて、3人で音を鳴らすことにこだわる姿勢はミュージシャン魂ですよね。

そうですね。それは信じたいです。他と違った音楽をやっているという、そこは自信あります。そういった意味では、どんな形であれ、死ぬまで音楽をやるという、それが3人の共通点なのではないかな。やっぱりそうでないと、僕もひとりでギター持ってソロ活動していないし。やりたいことはたくさんあるけど、生きるってことは歌うってことなのかなとか、そういうのは感じますね。特に最近はね。

俊美さんの音楽が好きな人にとっては、そのことが最高のプレゼントですよね。

そうだよね。毎年ちゃんと1枚作品を作る、〝2013年はこれだ！〟って、何を作ろうかな、何を歌おうかなって、苦痛では全然なくて、楽しいですよ。洋服屋をやってたときよりも、全然お金は少ないけど、今が一番楽しいですね。

そう言えるって最高ですね。ソロのお話も出ましたけど、渡辺俊美名義で出した初めてのアルバム、とても素敵な作品でした。特に福島に取材に行ってみなさんの話を伺って帰ってきて、行ってみないとわからなかった福島と東京の温度差を感じながら聴くと、さらにすっと体に入ってきて。直結はしないかもしれないけど、震災の影響は大きかったんでしょうか。

もちろんあります。震災がなかったら、あれは生まれなかった。音自体はできるんですよ、いろんな。でも言葉っていうのは、そのときそのときの今というか、言葉がロックしてないと、別に未来が歌いたいわけじゃないし、過去が歌いたいわけじゃないんですよ。やっぱり今じゃないとダメなんです。だから今はどうなのか、今はこう思う。

代弁者にはなりたくはないですけど、誰も傷つけたくはないなって思ったから。例えば東電に対してとか、国に対してとか、そういったものを具体化する。怒りというのは、書いていれば込み上げるんですけど、抑えているわけではなくて、怒り＝闘いになってしまうのではないか。戦争みたいなものに繋がっちゃうんじゃないかって、それだけは阻止しようと思った。僕らも悪かった、あんたたちも悪いから、みんなで直しませんかって。そうじゃないと、福島の人たちもずっと東電に反対していなかったし、安全だと思っていたし、安全というものはないんだってわかったわけだから、それに対して今後、子どもたちのことも考えて、二度と繰り返さないようにすることが僕は大事だと思っているし、新しい考え方で想像力を持たないと、それこそ温度差が広がっていくと思う。

考えてない人と考えている人の、それが温度差なんですよ。どうしていいのかわからない。どうすれば放射能が止まるのか、本当に数値は安全なのか、本当に子どもに野菜を食べさせていいのか。不安だという人と大丈夫だという人の温度差もあると思う。そこを埋めるのが僕らミュージシャンだったり、想像力を持つためにはカルチャーが絶対に必要だと僕は思っているんですよ。答えがないから。答えがあるんだったら、そこに莫大なお金を注ぎ込んで解決すればいい。でも誰も答えをくれない。だから僕としては勇気とかそういうことではなくて、希望の種をまくことと、どっちも悪くないっていうことと、相手の身になるというか。

本当優しいアルバムです。

声もね、なるべく今までにないファルセットとか、歌い上げるような感じだし。唯一、『オトコノリズム』は、なんかスパイスがほしいなと思って、〝男あるべきものいい女を抱くべし〟という。でも女がちゃんといい女でいないと、男は成り立たないし、それは昔も今も変わらないと思っていて、いい侍にはいい女房がついていて、この女房を抱きたいからがんばるわけで、ダメだったらすぐ死んじゃいますよ。『オトコノリズム』って言っているけど、逆に俺は女の子の目線が必要だよ、これからは女性の時代だよ、いい女になってねっていうメッセージです。

聴いて、がんばります（笑）。ソロ名義で作品を出すことは前々から決まっていたんですか。

前から予定はあったんです。でもまさか、このタイミングかって自分もびっくりしました。タイミングなんですよね。もし震災がなかったら、もうちょっとバカっぽいのやってたと思いますよ（笑）。わかんないけど、もっと実験的なこととか。

これからもソロで作品を出す予定はありますか。

出します。ソウルセットも今、レコーディングしているし、いっぱいお誘いもあるから、色々こなしていこうかなと、楽しんで。今度、森山直太郎くんと一緒にやるんです。

おふたりで?

そうそう。作曲が僕、作詞が直太郎くん、プラスふたりのラップが入って。面白いですよ。

まだ想像がつかないですね。

うん。直太郎くんも昔からお姉ちゃんも知ってたから、それもまたタイミングなんだけど。

そういうのがこれからもたくさんあるんでしょうね。

うん、ありますね。息子も音楽やってるからね。だから、楽しみですね。

息子さんは自然と始めたんですか。

自然と、隠れてやり始めた。でも、嬉しいです。絶対にミュージシャンなんかになりたくないって言われるよりは、変なアドヴァイスはしませんが、見守るというか、子育てと一緒ですね。とりあえず弁当と夕飯作ってれば育つだろうっていう。

弁当を作るのも、それが息子への感謝というか、息子が学校へ行くということは、俺は早く起きなきゃいけないっていうことで、リズムをちゃんと守るっていう。俺が偉いんじゃなくて、息子が偉いんです。息子のためっていうよりも、朝からクリエイティヴなことができるっていうことがすごく嬉しいんですよ。

それを毎日継続されているということが素晴らしいですね。

年をとると、なんかわかんないけど、人のために何かやりたいっていう気持ちって出てくるじゃないですか。そのきっかけが、息子が弁当を食べることだったし、食べないと生きられないし、震災後も食べるものを意識したり、季節感だったりとか、俺が地方に行ったら行ってきたよっていうことで、その土地の食べ物を出したりだとか、そういう会話ができれば勝手に育つんじゃないかなって思ったんです。

ステージに一緒に立ったときの気持ちはどうでした?

嬉しいですね。震災後は本当に息子がいなかったら、ちょっと厳しかったですね。彼が1年間高校に行ってなくて、行くって言ったときにふたり暮らしになって、引越しの日が震災の日だったんです。もしひとりでいたら、もっと暴れてたでしょうね。訳わかんないことしてたと思うんですよね、発言も含めて。

目の前に、無邪気に過ごしてる姿を見ると、すごい冷静さを取り戻せたというか。福島だ、東北だと言っている前に、こいつをちゃんと育てようっていうのは、目の前に目標があったんで、それが大きいですね。彼をひとりぼっちにさせることは多いけど、でも一番大切に思っているし。それを思わないと、小さな富岡町でも、小さな問題を解決できないのに、大きな問題を解決できないなとやっぱり思ったんですよね。だから震災から学んだことも、息子から学んだこともいっぱいあります。

福島に行って見えたのは、例えばご家族が離れて生活することによって、なくてもいい諍いがあったり、見えない不安を抱えているということと同時に、前向きに努力している姿でした。太陽光発電の野外音楽堂を作る話も出ていますが、俊美さんはライヴ福島キャラバンに参加されていますよね。

福島にいる人だけでなく、避難している人だったりとか、さまざまな問題がありますよね。沖縄でいえば普天間、北海道でいえば北方領土もあるし、広島・長崎は原爆、神戸は震災、みんな抱えた問題があって、それを経験したりとか、ちょっとでもわかちあえば、何かしら解決に繋がるのではないかと思うんです。あと、もしかしたら福島の人がそこに来てくれて、ここに住んでみようかな、いい場所だなって考えたり、がんばらなくてもいいんだって、次の人生を歩むんだって考え方だったり。

福島が好きですっていうのが共通点であっても、同じ故郷であっても、避難した人ってかなりの勇気が必要だったと思うんです。逃げたって言われる人もいるし、大丈夫なのに考えすぎだって思っている人もいると思う。僕的には両方ＯＫ。避難した人も残っている人も、それは自分の選択だから。その選択をした人を誰も僕は傷つけたくはなかったし、だから僕はキャラバンは全部出ますって言いました。全部出て、沖縄や北海道の現地の人とか、避難している人たちと接して話をする。

話をすることで、こういった取材もそうなんですけど、最初の頃は音楽とかってそんなに力にならなかったと思うんですよ、正直。震災の直後とかね。

最初はまず、衣食住。それはよく実感しました。

うん、でも何が足りなかったかっていうと、会話だったんです。「大丈夫？」とか「どう？」って。何か吐き出したい、愚痴だったり。だから音楽よりも、聞き上手な人が全部集まればいいなって思ったんです。だからそこで吐き出した人が、やっぱり福島に戻ろうかなと思ったかもしれない。

でもあまりにもテレビだったり、ミニマムな情報しかなくて、吐き出す前にみんな決断したと思うんですよね。だから決断して避難した人に、あなたは大丈夫ですよっていう歌も最近作ったんだけど、箭内（道彦）さんが詩を書いて僕が曲を作って。そういう人がひとりでもふたりでも、よかった避難してって思ってくれるようなキャラバンだったり、福島から旅行してきてよかった、みんな福島のこと思ってくれてるんだ、優しいなって感じてもらえたり、そういう風に音楽でイヴェントで繋げられたらいいなって。

それは音楽にしかできないことですね。

うん。それが一番いいよね。

あれから福島にまだ行っていない人もたくさんいると思います。私たちも行かなきゃわからないことがあったから、本当に行ってよかったと思ったのですが、俊美さんから何かメッセージはありますか。

福島に住んでほしいとかそういうことではなくて。ミュージシャンが福島に行ったり、行かない人もいますけど、なぜかというと、自分が行って放射能が出ているところに人が集まるのはどうなんだろうって思うから。それも正解だと思う。でも、1日ぐらい福島の人が楽しめる日があってもいいんじゃないかなって、楽しみに待っている人たちのためにも、1日じゃ被爆しないので。それが勇気になったりすると思うんですよね。福島はお金とか権力では再生できないので、子どもの目線と女性の目線で、未来の目線が必要なんです。それを福島に行って実感してもらいたいです。若い人たちも多いし、がんばっているし、でも若い人たちが放射能に対してどういう風な考えを持っているか。だからやっぱり会話をしに行ってもらいたいなって、小さな居酒屋に行けば、たぶん大体のことはわかると思います。

確かに福島の人と話をしたことが一番の収穫だったと思います。

あんまり観光地ないんだよね、会津しかないんだよ。

時間がなくて、会津は行けませんでしたが、食べるものも美味しかったですよ。

逆にしっかり検出しているから安全っていう話もあるんだけど、東京でも食べ物は変わらないんですよよ。難しいんですけど、何でかなって感じることだけでも違うと思うんだよね。それだけで何かしたいって考えると思うんですよ。本当に、興味を持つっていうことがすごい支援なんですよ。一番の支援なんです。支援している人を支援するのも心の支援で、それをずっと言い続けようかなって。

それが唯一、みんなのできることでもありますよね。

本当そうです。お金とかそういうことじゃなくて、ボランティアに行ってきたという人の話を聞くとか、寄付した人に「すごいね」って言うだけでもいい。福島のニュースを見たりとか、本を読むとか。沖縄の問題と一緒で、どんどん興味が薄れていくと思うんですよ。北海道で感じたのは北方領土の話もあんまり出てこないということ。

やっぱり風化していってしまうと思うので、僕がいろんなところで歌うことによって、風化しないと思っているので、それがデモ行進だと自分では思っているんです。

とっても平和的な。

うん、だからあえて僕は、首相官邸に1回は行きましたけれども、何か違うって感じたから、僕は僕でできることをやればいいんだって思った。自分ができることをすればいいって思うことが一番の支援じゃないかなって思います。だから、この福島特集は最高の支援なんですよ。

私たちのほうこそ、ありがとうって何度も取材中に思いました。

福島の人たちでも麻痺してしまうことがある。だから、こうやって福島の歌を歌ったりすると、もういいよって言う人もいるかもしれないけど、まだ何にも変わっていないいんだよ。原発が爆発した日から何も変わっていない。そこはみんな共通意識として持っていたいとは思いますよね。

おわりに

この本をお読みいただいた皆様へ

はじめまして、ＡＮＴＨＥＭ副編集長のアサミです。この度、ありがたくもフリーマガジン『ＡＮＴＨＥＭ』の巻頭インタビューがひとつの本になりました。お楽しみいただけましたか？

渡辺俊美さんが表紙のＶｏｌ．７を作り上げた後、『ＡＮＴＨＥＭ』は少しお休みをいただいていました。しかし、『ＡＮＴＨＥＭ』は廃刊になったわけでも、解散したわけでもありません。それは、〝ＡＮＴＨＥＭを作る〟という活動は私たちの壮大な趣味であり遊びであり、それに終わりはないからです。

東日本大震災を境に日本中がいろいろな変化を迎え、それは東京に集結していた私たちスタッフも例外ではありませんでした。遠く離れた実家に戻る人、海外へ行く人、転勤で東京を離れる人、引き続き東京でがんばる人。皆それぞれの生活の基盤を固めるべく、必死に生活をしていました。

Ｖｏｌ．７刊行は、私たちにとってひとつの大きな節目となりました。６冊を作り上げる中で、私たちは、各々が興味を持った様々なジャンル・年代の方々に音楽にまつわるいろいろなお話を聞き、それを１冊の本にまとめるというスタイルで雑誌を作りあげてきました。７冊目を作るにあたり、私たちの思いは〝東日本大震災のために、『ＡＮＴＨＥＭ』が出来ることは何か〟というひとつのキーワードにまとまり、福島出身のミュージシャンにお話を伺い、福島県に残るライヴハウスの皆様に現地で今の思いを伺うという取材を行いました。

その結果、今までにない、そっと誰かに寄り添うような1冊が完成したと自負しています。そして、『ＡＮＴＨＥＭ』として活動していくひとつの指針のようなものにたどり着いたのです。

これまでの7冊には、全て新しい出会いがありました。そこで語られた言葉、それを通して私たちが感じたこと・考えたことを伝え、読んでいただいた方が考える・行動するきっかけになればいい、そう思って活動してきたことが福島の地で結実した。そんな話を取材中日に福島のミュージックバーでヒラタと話していました。

個人的な話になりますが、私とヒラタが出会ったのは、お互いがまだ高校生の頃でした。大好きだったバンドのファンサイトがきっかけでメールを交換するようになり、実際に出会い、幻のコピー本である〝初代ＡＮＴＨＥＭ〟を作り、気がつけば今に至ります。少しのきっかけからまさか本を出版することになろうとは……。あの頃の私たちはこれっぽっちも考えていなかったでしょう。でも、それもこれも小さなひとつの出会いから始まったことなのです。

フリーマガジンである『ＡＮＴＨＥＭ』を、そしてこの本を読んで下さっている皆様と私たちには2つの大きな共通点があります。ひとつは、私たちは今を生きているということ。ぜひ、今一度インタビューを実施した日を見ていただいて、その時に自分が何をしていたか、何を考えていたかを思い出してみてください。そして、そこから今までのことを振り返ってみてください。皆様にもいろいろな出会いがあったことと思います。どうぞ、そのひとつひとつを大切になさってください。そして、いつかスタッフと出会った際には、皆様がこの本を読んで感じてくださったことをお聞かせいただけると嬉しいです。

そしてもうひとつは、私たちにはいつでも寄り添っている〝音楽〟があるということ。いまや世界中どこでも音楽を耳にしない日はないのではないかと思うほど、日常には音楽が溢れています。テレビやオーディオ機器から流れてくる音楽、自分で演奏する音楽はもちろん、隣の人の鼻歌だって立派な音楽です。流行りの音楽の種類や、音楽の聴き方はどんどんと変化していきます。それでもいつでも変わらないのは、どこかに自分のための音楽があるということだと思います。どうぞ『ANTHEM』が皆様と音楽の新しい出会いの一助になりますように、そんな思いを込めてこれからも活動していきます。

さて、『ANTHEM』は第2章に突入します。ここまでの沢山の出会いや経験をどう昇華していくのか、スタッフはそれぞれの地でそれぞれの生活をしながら真剣に考えています。これまで支えてくださった多くの皆様、これから出会う皆様に感謝の気持ちを忘れずに、私たちは引き続き自分たちらしく精一杯楽しく『ANTHEM』という人生を賭けた遊びを楽しんでいこうと思います。

それでは、いつかお会いできる日を楽しみに。

ANTHEM副編集長　スズキアサミ

2014年初秋
BABYMETAL『Catch me if you can』を聴きながら

ディスコグラフィーは205ページから始まります。

待望のソロデビュー作品

渡辺俊美

『としみはとしみ』

PECF-1048

安らぎの場所 / 僕はここにいる / 沈黙の言葉 / 死んでしまう事が ... / バニラ / 夏の約束 / コトコト・グツグツ / ピノキオ / 気絶するほど悩ましい / オトコのリズム / rain stops,good-bye / 夜の森

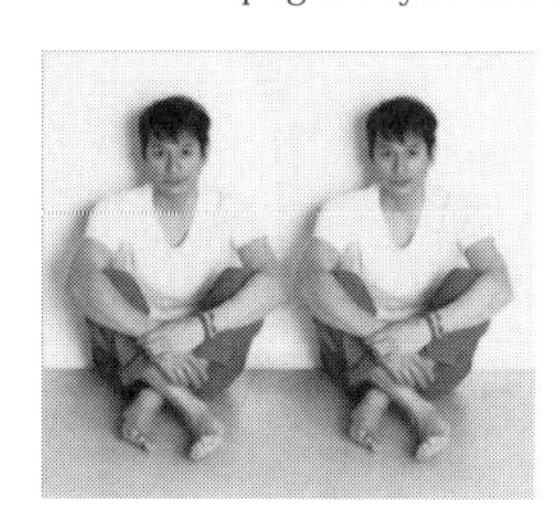

のテキーラ / Welcome to the casbah / ごめんねマイペース / New Revolution

『Oh!Mummy/MUTINY（アナログ限定盤）』
ZT-0013
Oh!Mummy / MUTINY

『完全逆様な世界』
ZT-0015
iR / SKIP / 完全逆様な世界 / TAKE FIVE / KIDO CLUTCH / ハカランダ / SNOTTY BUNCH / 時の記す鐘を鳴らせ / SUGAR DROP / EL BRONCAS / 黒い森 / ロマンチック / LA LA LA

『ヒズミカル』
VICL-63519
エメラルド / ヒズミカル / Key word (16 version) / Red Motel の朝 / サンタ・マルタで恋をして / さよならバルセロナ / CLEAN UP BABYLON / ひとつの花 / エスメラルダ / ガスティスの夜 / LUNA / Moonlight

勝手にしやがれ +THE ZOOT16
『バー・フライズ・ストンプ / マスカレード』
ESCL-2807
バーフライズ・ストンプ（勝手にしやがれ +THE ZOOT16）/ マスカレード（勝手にしやがれ +THE ZOOT16）/ バー・フライズ・ストンプ (川辺ヒロシ Remix) / マスカレード (川辺ヒロシ Remix) /「U-K-2」（勝手にしやがれ）（ボーナス・トラック）

VIC RUGGIERO/THE ZOOT16 G.B VERSION
『MEATBALL AND SUSHI PARTY』
ごめんねマイペース（THE ZOOT16 G・B VERSION）/ INNOCENT LOVE（THE ZOOT16 G・B VERSION）/ 時の記す鐘をならせ（THE ZOOT16 G・B VERSION）/ 死んでしまうことがわかっているなら（THE ZOOT16 G・B VERSION）/ Clandestine（VIC RUGGIERO）/ Green and Red（VIC RUGGIERO ）/ Rudie Can't Fail（VIC RUGGIERO）/ キスしてほしい（VIC RUGGIERO）

THE ZOOT16/EKD
『月と太陽のダンス』
SIWI-145
大丈夫か？問題ない !!（THE ZOOT16）/ Chu Chu ~ 月と太陽のダンス ~（THE ZOOT16）/ Go Right（THE ZOOT16）/ Hey! GB（THE ZOOT16）/ Aztec Cumbia（EKD）/ Natio!（EKD）/ 夜の子守唄 (八重山民謡)（EKD）Cacique Mara（EKD）

猪苗代湖ズ
『I love you & I need you ふくしま』
I love you & I need you ふくしま

勝手にしやがれ & 渡辺俊美
『PLAY』
TRJC-1031
Hey! T・D / シャイン・サンシャイン / Jezebel / El Sol / オトコのリズム / Comes Love

初の著書、4 万部を超える大ヒット
『461 個の弁当は、親父と息子の男の約束。』

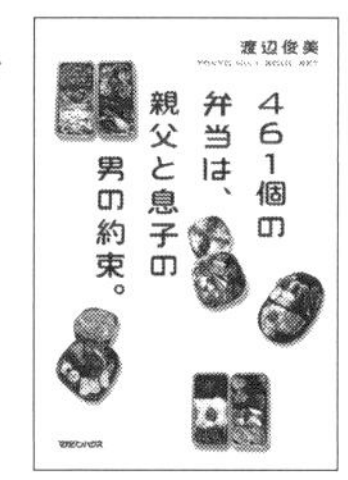

/ Just another dub

『Beyond The World』
NFCD-27168B
世田通 Blooming / Rising Sun / Who Really Loves You? / Endless Crow's Cry / Nell / 四月の約束 / Good Night Baby / Blossom Of New Town / スパークリングサイクリング≡ / Alone Tonight / Beyond The World / Almost Like Being In Love

『今夜はブギー・バック』(「TOKYO NO.1 SOUL SET + HALCALI」名義)
NFCD-27169
今夜はブギー・バック / Rising Sun (Single Mix) / Innocent Love 2009

『You May Dream』(「TOKYO NO.1 SOUL SET + HALCALI」名義)
NFCD-27267
You May Dream / Sunday 2010 / You May Dream

『BEST SET』
NFCD-27183
JIVE MY REVOLVER / ロマンティック伝説 / MORE BIG PARTY / 黄昏 '95~ 太陽の季節 / ヤード / Jr. / 隠せない明日を連れて / Key word (9 9/9mix) / Sunday 2010 / Still / wing / Innocent Love / Beyond The World / STARDUST / 今夜はブギー・バック

『全て光』
NFCD-27304
【DISC1】全て光 / 星影の小径 / 接吻 / みずいろの雨 / Champion Lover / You May Dream / Sunday / 聞かせてよ愛の言葉を / 今夜はブギー・バック【ゲストアーティスト】原田郁子 、真木よう子 、紗羅マリー 、中納良恵 、小島麻由美 、HALCALI、土岐麻子 、小泉今日子
【DISC2]】「野音 de ワンマン」(2010.10.24@日比谷野外音楽堂) ライブ音源

『Grinding Sound』
AVCD-38453
Over / Runaway / yoco-gao / Wonder Land / アナタヲ / Unknown Dream / 知らない夢 / Sound Of Love / Grinding Sound / 春は、今、、/ Another Sun

『try ∴ angle』
AVCD-38863
Stand Up / 砂漠に降る粉雪 / I don't know / この世界に、/ 眠れる街よ / 夏の面影 / あの日の蜃気楼 / BLENDA / Slope up / I'm So Crazy! / One day

ZOOT16

『ZOOT 16』
ZT-3
W.B.R / RED MOTEL / NEVER DIE / DIRTY HUGGY / Na-O-Su-Yo /16 RADIO STEP / OVER DRIVE

『HURACAN LANA/RED MOTEL』
ZT-0005
HURACAN LANA / RED MOTEL

『619/W.B.R』
ZT-0006
619 / W.B.R

『RIGHT OUT!』
ZT-9
What? / Walkin' / Left with a broken heart / Fever / Huracanlana / Comes love / Oh! life / Gus de gus / Right out! / 619 / You've been gone too long baby / 33.222.1

『MUTINY』
ZT-12
16 Hi-Land / Oh!mummy / ミニパト・ガール / Fight fire,with fire / 握り拳のメロディー / お話しよう!/ MUTINY / 愛

レイジークライマー / Sunroom / DOG DAY AFTERNOON / ヤード / Jr.

『風マーク II』
EDDR-10004
風 マーク II / ブロンコ・サマー

『TOKYO No.1 SOUL SET Live at 日比谷野音』DVD

『夜明け前』
VICL-35025
夜明け前 / Key word / Key world / (Version)

『Sunday』
VIDL-30156
Sunday / spoil / 突端ストンプ (Tottenham stomp)

『Bow & Arrow ~ あきれるほどの行方 ~』
VICL-35048
Bow&Arrow~ あきれるほどの行方 / a little sleep / Bow&Arrow~active2.23Mhz

『9 9/9』
VICL-60399
Traffic Express / 許された夜 / 先人達の夢 / Key Word(9 9/9mix) / a little sleep / Sunday / 時間の砦 / under the rose / 夜明け前 (9 9/9mix) / 隠せない明日を連れて / Bow & Arrow~ あきれるほどの行方 (9 9/9mix) / Sundae Solution / New Week

『隠せない明日を連れて』
VICL-35082
隠せない明日を連れて / TOO DRINK TO LIVE / Sunday

『9 9/9 '99 野音』
VICL-60472
Traffic Express / JIVE MY REVOLVER / MORE BIG PARTY / WILLING OR NOT / 先人達の夢 / 状態のハイウェイ / 夜明け前 / 隠せない明日を連れて / 27,8（ヤード ~sunroom~27,8~Family Affair）/ Bow & Arrow~ あきれるほどの行方 / Jr. / ELEPHANT BUMP / Hey Hey SPIDER / spoil / バジリコ・バジリコ

『Change my mind』
ZT-0008
Change My Mind / Still / Score(inst) / Change My Mind(Version) / Still(Version)

『Dusk & Dawn』
VICL-61583
Sunday / JIVE MY REVOLUVER / 状態のハイウェイ -Live- / ロマンティック伝説 / 隠せない明日を連れて / under the rose / O'TAY / やぁ、調子はどうだい / 27 TO 28 / ヤード / 夜明け前 -Single ver.- / ELEPHANT BUMP'98 -Live- / 否応なしに / Bow&Arrow~ あきれるほどの行方 -Single ver.- / 黄昏 '95~ 太陽の季節

『OUTSET』
VICL-61640
intro / The Fifth Door / Get your skates on / W・moment / Change My Mind / 波紋の記憶 / Still / 全て光 / naked waltz / OUTSET / Go Right / wing

『Innocent Love』(デジタル・シングル)

『just another day』(デジタル・シングル)

『No.1』
NFCD-27072
Innocent Love / Just feeling / メリー・メン / さぁ、どうなんだい / Please tell me / e → on / Rain Bird / The Breath Of Life / Just another day ~ その時まで ~ / Dear My Friend / Good Morning Tokyo

渡辺俊美

TOKYO NO.1 SOUL SET

『TOKYO ディスクジョッキーズ・オンリー』
ALCA-45
LOVE VIBES / マンション / カリプソ恋しぐれ / くたばれ インチキ COMMENTATOR / ナカナマイヤ (NAKGANA-MAYAH) / アンモラル / 社長と呼ばなきゃ振り向かない＋虹色カラーもあるかしら？/ ドリョクとニンタイ / LOVE VIBES(DUB)

『THE BIG PARTY』12 インチ EP
【SIDE A】THE BIG PARTY / THE BIG INST. / THE BIG DUB
【SIDE B】SAN FRANCISCO (TAKE ME 2 THE)

『YOUNG GUYS ALWAYS THINK ABOUT SOMETHING』
Young Guys Always Think About Something (Drink & Response Mix) / (Glober's Blow) / Young Guys Always Think About Something (In The Purdie's,Baby) / (Square Mouth Music) Part.1 / Part.2 / Part.3 / Part.4

『YOUNG GUYS,GIFTED AND SLACK!』
SILLY JIVE TALKIN' / THE BIG DUB / YOUNG GUYS ALWAYS T / TOO DRINK TO LIVE / SAN FRANCISCO / MUSIC IS GOOD FOR Y / THE BIG PARTY / IN THE PURDIE'S BAB

『PURE LIKE AN ANGEL』
COCA-10529
27 TO 28 / 連作 / ピュア・ライク・アン・エンジェル / 27 TO 28(ヴァージョン) / 連作 (ヴァージョン) / ピュア・ライク・アン・エンジェル (ヴァージョン)

『ロマンティック伝説』
EDCR-8801
グランプリ / ロマンティック伝説 / 地図の隠されたトランプ / やぁ、調子はどうだい

『黄昏 '95~ 太陽の季節』
EDCR-12001
黄昏 '95 ~ 太陽の季節 / ボツ / キャノンボール

『Triple Barrel』
BVCR-804
黄昏 '95~ 太陽の季節 / JIVE MY REVOLVER / ダンシング・マッシュルーム / O' TAY / もう少しだけましな理由 / MORE BIG PARTY / ELEPHANT BUMP / オクラホマ・スタンピート / ロマンティック伝説 / プレイ / 27,8

『JIVE MY REVOLVER』
EDDR-10002
JIVE MY REVOLVER / JIVE MY REVOLVER(Illicit Tsuboi remix) / JIVE MY REVOLVER(No Voice Version)

『Willing or not』
EDDR-10003
Willing or not/ 状態のハイウェイ

『真昼の完全試合』DVD

『ヤード』
EDCR-12003
ヤード / ロマンティック伝説 + / SALSA TAXI / ヤード (instrumental) / ロマンティック伝説 +(inst) / SALSA TAXI(inst)

『Jr.』
BVCR-805
Hey Hey SPIDER / Boomerang Joe / sigher / 否応なしに / 風 / Bronco Summer / ク

『弾き語るのだ』
300マイル / プール / 僕たちは少しだけ

夜ハ短シ

1st single
今日も生きるのだ / 曖昧みんなドリーマー

2nd single
ドーナツとコーヒーとチョコレート / 真っ白な海

3rd single
夜は短し / リズム

4th single
明日へのファンファーレ / 今夜も月は僕らを照らしています / カーテン

これまでの発表作品に新曲を含む初のフルアルバム
『風のない夜だ』
YRMJ-4634
風のない夜だ / 遠くて近いところ / 秘めているんだよ / 君と僕はよく似ている / 真っ白な海 / 夜は短し / 今日も生きるのだ / ドーナツとコーヒーとチョコレート / 音楽が鳴り止んでも / リズム曖昧 みんな ドリーマー / 中央線ラヴ・ソング

ライヴスケジュールなどの最新情報はこちらから
夜ハ短シ official website
http://yorumiji.net/

山口進

OUTLAW

『OUTLAW』
MAKA-0625
たいくつな空 / このまま

『PRIDE』
ARZS-10
ONE TWO!! / ひとつだけ / しけった火薬 / あそびは終りだ / プライド / 今をとれ / トライアングル / クソッタレ !!(secret track)

『強ク弱ク』
ARZS-0017
外の世界を見ることもなく / ミサイル / 花のように / そしたら

『花のように』
G010401
花のように / ヌルマユ / オオカミ / 生活

『手をさしのべてくれないか』
SGMS-002
手をさしのべてくれないか / 青空の下で / 新宿のうた / 強ク弱ク（LIVE at SHIBUYA Lamama）/ ひとつだけ（LIVE at SHIBUYA Lamama）

『0552』
SGMS-004
雨、走る / 手をさしのべてくれないか / 夜の少年 / 紫陽花の咲いた日 / 汚れなき人よ / 花のように / ミサイル / 坂道

『僕の存在は嘘じゃなかった』
SECL-302
僕の存在は嘘じゃなかった / 君の空は何色か / 夜は静かに

『明日も生かねば』
SECL-315
明日も生かねば / 小さな花 / 約束

『サヨナラ /14 才』
SECL-322
サヨナラ / 14 才

『ビューティフルライフ !』
SECL-215
ビューティフルライフ ! / ゴールド

『ビューティフルライフ !!』
空を見て想う / ビューティフルライフ ! / 約束どおり / スピードを上げろ / 14 才 / 12 月のピアノ / 日々 / 僕の存在は嘘じゃなかった / サヨナラ / 明日も生かねば / さよならプリズナー / ないしょ話

『OUTLAW PUBLIC IMAGE LIMITED -FINAL- 2006.4.1』DVD
空を見て想う / 約束どおり / 夜は静かに / 雨、走る / メシ喰ったか / 夜の少年 / 手をさしのべてくれないか / 生活 / サヨナラ / 小さな花 / スピードを上げろ / ゴールド / 明日も生かねば / ビューティフルライフ ! / 僕の存在は嘘じゃなかった / 14 才 / クソッタレ

30size

『ネームカード』
サラダ / オレンジ / グッドモーニング / ネムタイノウタ

『アリシア / ギフト』
アリシア / ギフト

『大げさだって思うかい ? でもね、本当なんだ。/ 僕の部屋』
大げさだって思うかい ? でもね、本当なんだ。 / 僕の部屋

『77 TWO SEVENS CLASH』
TFCC-89029
七月七日 / レイニートレイン / 絶対無敵カウボーイ / ノーフューチャー・ノーホープ

『Wasteland』
TFCC-86116
荒野のマーチ / ラジオメランコリー / Restart / 七月七日 / スカートめくり / ノーフューチャー・ノーホープ / デコボコ道 / アローン / 星団の彼方へ / 不良少年マーリー

『CRUITHNE』
DDCZ-1089
少年少女 / アニー / 再会 / さよならブルーバード / 家路 / ロックアンドロール / 心の住人たちよ / 冬の手紙 / 冥王星 / サンデーインザレイン / ラプソディー / 沈黙

『アームドソングス』
DDCZ-1136
ボーントラベラー / Sensational Radio / レインマン / 吉祥寺 - LIVE / テレサ - LIVE / BUNGEE JUMP FESTIVAL のテーマ – LIVE

植木遊人と町田直隆

『DOWNTOWN REVOLUTION』
DDCA-3004
サンキスト / オリオン座流星群 / 遊星より愛を込めて / さらば×××××ランド

町田直隆

『栄光なき兵士達に捧ぐ』
TRGR-0001
東京ファック / 少年 / バイバイ若草荘 / 打倒運命 / 絶望ファンクラブ / 歌舞伎町へようこそ / 長距離走者の孤独 / TEENAGE DISTRACTION / 武蔵野ブレイクダウン / 青の残響音 / 拝啓ロックンロール
12. 滑走路　13. オリオン座流星群

『主題歌』
TRGR-0002
実弾 / タイムカプセル / 主題歌 / 所感 / そこにある光 / ボーイズキャンチェンジザワールド / ボーナストラック : 栄光なき兵士達に捧ぐ

ソロ活動初の全国流通作品となったフルアルバム

『未来』
XQIP-1003
長い夜のほんの一瞬 / I have a song / 自分 / ファルス / 未来 / 労働 / 暴動 / 情熱よ / 約束の人 / 歌に変わる時 / ユーリカ / 青春映画

ライヴスケジュールなどの最新情報はこちらから
NAOTAKA MACHIDA OFFICIAL HOMEPAGE
http://www.machidanaotaka.com/

新プロジェクトも活動を開始！
moke(s) official site
http://mokes.mods.jp/
WORLD JUNK official site
http://worldjunk.net/

TOMORROW / WONDERFUL WORLD / EVERYBODY LOVES THE SUNSHINE / KICK IT!

『SUNSHINE LP』
HLDC-0005
とおりゃんせ（instrumental）/ さいきんぼくは / キミを想う / ナツノオワリ / MICRO WAVE / BOY FRIEND / inside of my head / BABY SONG / TOMORROW（G#）/ M10（instrumental）/ EVERYBODY LOVES THE SUNSHINE（Album Mix）/ SUNDAZED MORNING / STEREO NIGHT / メリーゴーランド

記事を読んだあとに聴いてほしい、インタヴュー取材後に無事完成したアルバム
『2PLATOONS』
VPCC-81712
ドライブ / ブライド / キミに会いに行こう / ねえ清志郎さん / マナマナ / サンキュー / 僕のクロネコちゃん / 怒りの弱者 / パークライフ / 人を想う / 幸せのニュース / ホフ & ピース

ライヴスケジュールなどの最新情報はこちらから
ホフディラン公式サイト
http://hoff.jp/

町田直隆

BUNGEE JUMP FESTIVAL

『From here,so far...』
PBCD-1000
T.V.Blues / キッチン / LOVE / NOTE BOOK / PLAY IT LOUD / モーニング・コール / ドッペルゲンガー / 富士山 / ブラック・ブレザー・アンド・ア・バス / 雨に唄えば / ジョン・レノンの夢

『CAPTAIN PAPA』
HLR-013
ブルース・ウェード・シューズ / Beautiful World / From here,so far ... / テレサ / 揺れているもの / 四万十川 / 西荻アウェイ

『阿佐ヶ谷ホームシックブルース』
HLR-017
阿佐ヶ谷ホームシックブルース / ステレオの前では / ギターを鳴らすだけなら誰にでもできる

『more vegetables!』
HLR-021
ステレオの前では / 僕はボクサー / 風俗街 / 阿佐ヶ谷ホームシックブルース / 22 / いいじゃないか / 向こう側へのドア（オール・ザ・ヤング・マイノリティーズ）/ 星空になりたい / B.J.F. IS DEAD / MY NAME IS NOTHING

『不良少年マーリー』
BJF-1
不良少年マーリー

『イノチガケ』
BJF-0002
イノチガケ / ラジオ メランコリー

『WATANABABY SESSION』
PCCA-01396
DISC1
Intro / エブリモーニング / キミが気になるんだ / イッツ・ア・スモール・ブルース / 好きよ！ババさん / 事実上の No.2 / やり直せる男 / ヒツジ / 会っておくれよ / 電話をくれよ / 外は寒いよ / サーフィン USA / アルファベットな夢 / 大粒の涙
DISC2
さぼる / キミにまいった / 電話をするよ / 頭の中はどうなんだ / 1 ラウンドでノック・ミー・ダウン / トマト・ケチャップ / あの娘は外人 / 異国でハネムーン / 土曜日の団地妻 / 誰にも言えない / 僕はひとりさ / 坂道 / Outro.

『ベビースター』
GNCL-1006
ミスター・フィーリン・ファイン / エイプリル・フール / 恋のメロディ / 昨日より若く / うれしくさせて / ビュリホな女の子 / 真っ白な時間 / 下を向いて歩こう / ミス・ナンバー・ワン / サヨナラホームタウン / 昼夜逆転

『恋の☆散歩道』
恋の☆散歩道

『ちはやふる』
ちはやふる / キモノのワタシ（Demo）

『二人でナポリタンを / あの子の事でも考えながら』
二人でナポリタンを / あの子の事でも考えながら

Baby & CIDER
『BACK TO SCHOOL』
HGCB-2010
失恋同好会 / Welcome Baby&CIDER / オバケの転校生 / 寄り道ベイビー / ブランニューなことさ / あぶない☆カリキュラム / かせき音頭 / 席がえの季節 / ヘッドフォンジャック / 泣くな！かなしみちゃん / 青春フレーバー

『僕は脱落者』
DDCA-3003
僕は脱落者 / 卒業ロック / 愛とはかぎらない / 僕は脱落者 (社会人編)

竹中直人 & ワタナベイビー
『今夜はブギーバック 』
AZCL-35001
今夜はブギー・バック (smooth rap) / 恋の☆散歩道

ユウヒーズ
『ユウヒビール』
NATURAL-205
HELLO / 信号 / メリーゴーランド / join the FRUITY GROOVY CLUB / RAIN / Baby Song / のうみそ / FUN

『MOUNTAIN』
PCCA-01350
MOUNTAIN / MOUNTAIN remix

『AMERICAN SCHOOL』
PCCA-01362
NATURAL / 愛のすべて / Mountain / 糸 / POLY / 涙 / My Brain / Vibrator / 肴 / HEY KIDS COME ON GET ON THE STAGE / Heaven/ RAIN / マテマティコ / Music on My Mind

BANK$
『TOMORROW』
HLDC-0002

『はじまりの恋』
AZCL-35003
はじまりの恋 / トゥユートュミー / うるせェ！だまれ

『遠距離恋愛は続いた !!』
AZCL-10009
キミが気になる / HEY! お嬢さん / TOKYO CURRY LIFE ~ 邦題・東京カレー物語 ~ / どうしてわかってくれないの？ / 祭囃子 / はじまりの恋 / 世界は歌う / キミは未来だ ~ 懐かしい音楽 ~ / 世界は〈POP に〉歌う / 今そこにある未来 / 遠距離恋愛は続いた

『カミさま カミさま ホトケさま』
AZCL-35011
カミさま カミさま ホトケさま / そう、みんな旅立っていくんだな

『恋人たち』
GNCL-0037
恋人たち / カジディラン≡ / サヨナラキャンディ

『ニューピース』
GNCL-0045
ニューピース / 地球の果て / FUTON

『ブランニューピース』
GNCL-1196
ニューピース / 悩める球体 / 恋はハチャメチャ / HI POWER / LOW POWER / フラット / was / 恋カモン！ / 君の名は / 恋人たち / グリーン / カジディラン≡

『13 年の金曜日 <LIVE CD>』
GNBL-1025
ホフディランのテーマ / summer time POP! / 恋はハチャメチャ / ふさわしい人 / 欲望 / FREE STYLER / 甘い蜜 / SUPER DRY / LOW POWER / 遠距離恋愛は続く / 極楽はどこだ / スマイル / MY THING / ニューピース

『マナマナ』
UICY-76729
マナマナ / カラカラ（マナマナカラオケ）/ ワタワタ（ワタナベイビーセッキョウツキ）

『14 年の土曜日』〈ライブ音源 CD〉
DQC-597
はじまりの恋 / TOKYO CURRY LIFE ~ 邦題・東京カレー物語 ~ / 恋はいつも幻のように / スピリチュアル / 長い秘密 / コジコジ銀座 w/Kaji Hideki / 弾丸ライナー w/Kaji Hideki / LOW POWER / マナマナ / サガラミドリさん / HAPPY / SEASON / 美しい音楽 / こんな僕ですが / ホフディランのテーマ (リプライズ) / マゼマゼ (マナマナ Remix by YUHI KOMIYAMA)

『15 年の日曜日 < ライブ音源 CD>』
DQC-793
STAND / ゆで卵 / JAILHOUSE ROCK / GOOD! / 呼吸をしよう / MY THING / 遠距離恋愛は続く / ～レイザーラモン RG ホフディランあるある～ / 祭囃子 / 欲望 / スマイル～デビュー当時の二人引き語りバージョン～ / 一緒に暮らそう / LOW POWER / HAPPY / 今そこにある未来 / ホフディランのテーマ リプライズ

ワタナベイビー

『エブリ・モーニング / 大粒の涙』
PCCA-01375
エブリモーニング / 大粒の涙

『坂道』
PCCA-01377
坂道 / 1 ラウンドでノック・ミー・ダウン / キミが気になるんだ

『長い秘密』
COCA-50391
長い秘密 / Flower / ドナー・ドリーマー

『JAILHOUSE HITS』
PCCA-01492
スマイル / マフラーをよろしく / キミのカオ / 恋はいつも幻のように / コジコジ銀座 / 遠距離恋愛は続く / INTERVAL / 欲望 / 極楽はどこだ / STAND / GUIDE TO THE JAILHOUSE / Mountain(THE YOU・HE・S) / 坂道 (WATANABABY) / JAILHOUSE ROCK

『TO THE WORLD』
COCA-50474
TO THE WORLD / ビーナス / CHOCOLATE PUNK

『31st CENTURY ROCKS』
COCP-50496
HAPPY / TO THE WORLD / ユニバース / HISTORY / スピリチュアル / EXCUSE ME / SAY WHAT? / BABY'S POPS / NICE DAY / FLOWER / SUPER FLY ／長い秘密 / GIRL FRIEND

LP『31st CENTURY POPS』
COJA-50497

『MY THING』
COCA-50634
MY THING / マッドマン / EXTRA HAPPY

『GET READY!!』
COCA-50664
GET READY!! / 甘い蜜 / TWO TURNTABLES

『PSYCHO POP KILLER BEE』
COCP-50684
ODYSSEY~3001 TAMAGAWAism~ / New Style Sky / ヒールマン / FREE STYLER / 味方でいてね / SEASON / MY THING / I am a Pig / SMILE / 取り憑けるかい？ / GET READY!! / SHINING / FOXY GIRL

『ふさわしい人』
COCA-50708
ふさわしい人 / 雪

『OFF DYLAN』
COCP-50707
ホフディランのテーマ (Analog version)/ FREE STYLER / ふさわしい人 / HAPPY / MY THING / キミのカオ / summer time POP! / ドナー・ドリーマー / message from やよいさん 高松編 (「目覚めた時から」ナレーション) / 遠距離恋愛は続く / TO THE WORLD / SEASON / Do you wanna dance? / message from やよいさん 渋谷編 / 風に吹かれて (DEMO TRACK) / GET READY!! / マッドマン / 長い秘密 / あまりに大きな君 / スマイル (1st DEMO)

『CDVD』
PCCA-2049
DISC1: 1. シングルベスト〈CD〉
スマイル / SUPER DRY / キミのカオ / 恋はいつも幻のように / ふさわしい人 / 欲望 / マフラーありがとう（デモ・バージョン -1989 年）/ 極楽はどこだ / ハゲてるぜ / 昼・夜 / キミだけ信じりゃいいだろう（未発表曲 -1995 年）/ GOOD! / 美しい音楽 / MILK / ホフディランのバラッド（未発表曲 -1991 年）
DISC2: 2. PV 集〈DVD〉
スマイル / マフラーをよろしく / キミのカオ / 恋はいつも幻のように / 遠距離恋愛は続く / 欲望 / 極楽はどこだ / STAND / 長い秘密 / TO THE WORLD / MY THING / GET READY!! / SEASON / ふさわしい人 / 極楽はどこだ（LIVE）- ボーナストラック - / 多摩川レコード TV SPOT - ボーナストラック -

ホフディラン

『スマイル』
PCDA-00873
スマイル / サガラミドリさん / こんな僕ですが

『マフラーをよろしく』
PCDA-00907
マフラーをよろしく / 川

『多摩川レコード』
PCCA-01055
ホフディランのテーマ / ゆで卵 / スマイル / ミスター No.1 / 呼吸をしよう / 昼・夜 / マフラーをよろしく / ミルク / ハゲてるぜ / スロウイン ファストアウト / マフラーありがとう / フランクフルトの日が暮れちゃう / 車は進んで僕を見る！ / 恋の年賀ハガキ / サガラミドリさん

『キミのカオ』
PCCA-01096
キミのカオ / 僕の好きな人 / 文通しよう

『恋はいつも幻のように』
PCDA-00984
恋はいつも幻のように / 夢にでてきて / サマー・タイム・ポップ！/ やよいさん

『Washington,C.D.』
PCCA-1122
コンパクト・ディスク / ベイビーズ・ソング / グッド！/ 約束するよ / 恋はいつも幻のように / スーパー・ドライ / 話があるんだ / 昨日の夜は ... / 自殺 / POP / 恋する年頃 / [6//8](ハチロク) / 一緒に暮らそう / 夜 / いる / 美しい音楽

『コジコジ銀座』
PCDA-01013
コジコジ銀座 / 世界の国からコンニチワ / 歌をつくって歌う人

『ユナイテッド・ソングス・オブ・アナログ』（LP）
PCJA-24

『遠距離恋愛は続く』
PCDA-01041
遠距離恋愛は続く / ハイウェイ 98

『欲望』
PCDA-01079
欲望 / カム・トゥゲザー (Extended)

『ホフディラン』
PCCA-01218
かなしみ / 僕がおこられた / 欲望 / 極楽はどこだ / 僕らが見た夢 / 目覚めた時から / HOFF DYLAN: カム・トゥゲザー ~ 時計 ~ その手をつないで / 遠距離恋愛は続く (アルバム・ヴァージョン) / ソフトパレード / つづきはつづく / HIGHWAY 98

『極楽はどこだ』
PCCA-01237
極楽はどこだ / ハロー ハロー ハロー / あまりに大きな君 / あまりに大きな君 (オルタナティヴ)

『STAND』
PCCA-01297
STAND / SUPER DRY / 夜 (at shibuya) / つづきはつづく (at BUDOKAN)

『LIVE AT BUDOKAN』VHS
PCVP-52571

『VTR』VHS
PCVP-52572

YOUNG PUNCH/PENPALS
『YOUNG PUNCH/PENPALS』
VPCC-81324
NEO KIDS / SWING & RUN / I'M NOT DOWN / NO ROCK'N'ROLL RADIO

REVERSLOW
『メロディーチェイン』
YRCN-11050
アクセル / シグナル / ストラト / ナツカゼ / ロデオ / リヴァース / スロウ / Mari Me! / トレモロ / サンドラ / イツカ / D33 / Phase / ランチタイムブギー

『チェイス / ハイヒール』
YRCN-10153
チェイス / ハイヒール / そして僕は途方に暮れる

『SWEETNESS』
YRCN-11085
各駅停車 / 望郷メトロ / ハイヒール (album ver.) / 夜が明ける / カーディガン / SHA-LA-LA / 踊ってくれないか？/ SWEETNESS / 名前 / チェイス (album ver.) / サンキュー / アンコール / 踊ってくれないか？(Reprise)

NACANO
『DON'T LOVE ME BOY』
FLOWER-099
CUM ON / DON'T LOVE ME BOY / TRAGEDY / ESCAPE FROM BEIJING / SWEETHEART / AMERICA / SHAME ON YOU / YEAH! / SUICIDE

『DIL』
ANTCD-1005
TODAY / NEW WORLD / BODIES / DUST IN THE DARK / REMEMBER / NEED U TONITE / BODY TALK / 6/7 / FRANKIE / IMTA / DANCE IS LOVE / HIGHER LOVE

マスタリングにエンジニア・原田光晴氏を起用した３年半ぶりのアルバム
『GASTRONOMY』
ANTCD-1006
PPC / SOLDIER / BITCHES / SING ALONG / CRYSTAL / IAN CURTIS / BY THE WAY / WOW / MANEATER / HOLD U NOW / CANNONDRIVE / NIGHTRIDER2

『DANCE/BELIEVE』
YRCN-10019
DANCE / BELIEVE / CARS (FULL THROTTLE Ver.)

『ROCK YOU BABY』
YRCN-10022
ROCK YOU BABY / STUPID JOKE / I WANNA KNOW (哀☆ WANNA KNOW Ver.)

『BELIEVE』
YRCN-10025
BELIEVE (ALBIREX NIIGATA MIX) / BELIEVE (ORIGINAL MIX) / BELIEVE (INSTRUMENTAL)

『クリスマスマイル』
YRCN-10026
クリスマスマイル / All I Want For Christmas Is You / Christmas Time

『ROCK'EM ALL』
YRCN-51001
FREE / SINFUL LIFE / LOVE YOUR LIFE / TOUGH TOUGH TOUGH / SHAKE IT UP (AND ROCK'EM ALL) / I'M HERE NOW / ADRIAN / RESIST IN VAIN / DANCE / INTO THE SPOTLIGHT / MISSED / ROCK YOU BABY / FOLK SONG (ON THE LONGEST ROAD) / B.B

『SUMMER TIME -PRIDE OF NIIGATA-』
SUMMER TIME -PRIDE OF NIIGATA- / LET GO /SUMMER TIME -PRIDE OF NIIGATA- (INST)

『PENPALS A.F.O.K. 2002-2003 TOUR "PLAY ROCKS" FINAL PARTY live at AKASAKA BLITZ』DVD
YRBN-53000
OPENING / OH YEAH! / RIGHT NOW / I WANNA KNOW / WASTLESS / FLY / HEAVY METAL / ROCK THE SUN / 君を見てた / OKINAWA GO ROUND / ALL FUN OF KIDS / MOGUL / LIFE ON THE HIGHWAY / INSIDE OUT / 2006 / A.F.O.K / MORE FUN? / LIFE ON THE WAY / ラヴソング / GOODNIGHT THERE / DANCE（PV） / BELIEVE（PV） / ROCK YOU BABY（PV）

『LET GO e.p.』
YRCN-11031
LET GO -ALTERNATE VERSION- / SUMMER TIME / SEARCH AND DESTROY / ANYWAY / EVERYTHING

『PENPALS A.F.O.K 2004 TOUR FINAL「ROCK'EM ALL」live at Zepp Tokyo』DVD
YRBN-13079
ROCK YOU BABY / LIFE ON THE HIGHWAY / MONGOL / INSIDE OUT / All Fun Of Kids / STIPID JOKE / SINFUL LIFE / Love Your Life / I'm here now / Tough Tough Tough / LIFE ON THE WAY / ROCK THE SUN / NORWAY / ANYWAY / LET GO-ALTERNATE VERSION- / ラブソング / MORE?

『PAST REST SUMMER』
VPCC-81739
Tell Me Why (2012 version) / Go Slowly / Past / Can't Get Enough / Moving Out 45 / Turn Me Back / Disappear/ Dreaming / Monkey Frisk (1997 Demo) / Night Hide (1997 Demo) / Sunset Park (1998 Demo) / Underground (1997 Demo) / Anyway,Anytime,Anywhere (1998 Demo) / Lonely Days (1999 Live) / メドレー No Punk You / Right Now / (I've been waiting so long)In My Bed (1999 Live) / Tell Me Why (1997 Demo)

MORE FUN?(CUSTOMIZED FOR FTR) / DAYS GONE BY (OKINAWA RAGGA STYLE) / MORE FUN?(DJ FUMIYA UP ROCK FUNK MIX)

『ALL FUN OF KIDS』DVD
VPBQ-19003
INTRO 2000 / IN THE MORNING / CARS / LONELY DAYS / RIGHT NOW / FAR FROM YOUR MIND / I WANNA KNOW / TONIGHT / DON'T TELL ME WHY / MORE FUN ? / JUMPIN' THE GUN / イージューライダー / DAYS GONE BY / CALIFORNIA / PAST LAST SUMMER

『ラヴソング』
TOCT-22169
ラヴソング / BOYS & GIRLS / SENTIMENTAL DESTROYER (covered DEATH SURF 2000)

『2nd coming』
TOCT-24648
SONG#1 / 君を見てた / ラヴソング / 月夜 に / OKINAWA GO ROUND / BOYS & GIRLS / DODGE / OH YEAH / SIGN IN THE PAIN / SING IN THE RAIN / 優しい歌 / RIDE PROUD

『Super Powerless』
VPCC-84151
TELL ME WHY / CARS / 70 TIMES / super power / AMERICAMAN / I WANNA KNOW / YOU LOVE US / LONELY DAYS / BOYS DON'T CRY / (I`ve been waiting so long) IN MY BED / RIGHT NOW / I'M NOT DOWN / DAYS GONE BY / CRAZY TRAIN / MORE FUN? (CUSTOMIZED FOR FTR)

『Video Super Powerless』DVD
VPBQ-19004
TELL ME WHY / CARS / 70 TIMES / AMERICAMAN / I WANNA KNOW / LONELY DAYS / (I've been waiting so long)IN MY BED / RIGHT NOW / I'M NOT DOWN / DAYS GONE BY / MORE FUN?

『あなたがここにいて欲しい』
TOCT-4359
あなたがここにいて欲しい / WISH YOU WERE HERE

『Life on the way』
TOCT-4380
Life on the way / SPYDER

『ROCK THE SUN』
TOCT-4420
ROCK THE SUN / WASTELESS

『PLAY ROCKS』
TOCT-24873
2006 / life on the highway / inside out / wasteless / mogul / fly / rock the sun / stick around / spyder (higher speed ver.) /conga / heavy metal / life on the way / good night there

『THERE'S NO GREATEST CLIPS』DVD
TOBF-5207
ラヴソング / あなたがここにいて欲しい / 君を見てた / ROCK THE SUN / Life on the way / Life on the highway

『THERE'S NO GREATEST HITS』
TOCT-24976
A.F.O.K / TONIGHT / Tonight she's gone / Rest / JUMPIN' THE GUN / I'm a sneaker / KATIE / DAYS GONE BY (OKINAWA RAGGA STYLE) / OKINAWA GO ROUND / BOYS & GIRLS / 君を見てた / OH YEAH / RIDE PROUD / LIFE ON THE HIGHWAY / WASTELESS / MOGUL / INSIDE OUT / All Fun Of Kids

ハヤシムネマサ

PENPALS

『PENPALS』
VPCC-81219
ASTRO MOTEL / CARS / 70 TIMES / I Guess Everything Reminds You / FAIRSET / HOROSCOPE#7 / South California / アピス / PROP SHOT / TONIGHT / Fishy / ゲイン / FITNESS U.S.A.

『TELL ME WHY』
VPCC-82104
TELL ME WHY / underground / Nevermind / super power

『AMERICAMAN』
VPCC-81274
Americaman / Tonight she`s gone / Rest / Indian Summer / Belly`s song / Choking Hazard / From '77 / Crazy Shades / I'm a sneaker / Wise Guy / Taxas hurricane / Run To You / Tell me why(alt.version) / Bother One / Trailer / Space shuttle / (シークレット トラック)

『I wanna know』
VPCC-82111
I wanna know / I can't hold you back / one night lover hair / depending on me / YOU LOVE US

『(I've been waiting so long)IN MY BED』
VPCC-82115
IN MY BED (I've been waiting so long) / IN THE FOLD / L.I.T.

『LONELY DAYS』
VPCC-82118
LONELY DAYS / KATIE / ON THE ROAD

『RIGHT NOW』
VPCC-81312
NO PUNK YOU / RIGHT NOW / JUMPIN'THE GUN / LONELY DAYS(album ver.) / JUST I CAN SEE / JENNY IS DEAD / I WANNA KNOW(album ver.) / DEATH EARLY SURFER 2000 / DON`T TELL ME WHY / WHAT`S THE MUTTER / (I've been waiting so long)IN MY BED(album ver.) / GIRL LIKE YOU / SUNNY SUNDAY / NORWAY

『FOR NO EDUCATIONS』 VHS
VPVQ-66146
INTRO~KATIE / TONIGHT SHE'S GONE / I'M A SNEAKER / DEPENDING ON ME / CHOKING HAZARD~APPICE(I've been wating so long) / IN MY BED(P.V.) / ASTRO MOTEL / CARS / CRAZY SHADES / SUPER POWER / LONELY DAYS(P.V.) / AMERICAMAN / I WANNA KNOW / RIGHT NOW(P.V.) / TELL ME WHY

『DAYS GONE BY/CALIFORNIA』
VPCC-82131
DAYS GONE BY / CALIFORNIA / CRAZY TRAIN

『PAST LAST SUMMER』
VPCC-81343
IN THE MORNING / PAST LAST SUMMER / DAYS GONE BY / イージュー★ライダー / SHININ' DAYS / MORE FUN? / A.F.O.K. / HERE COMES YOUR MAN / MAYBE GO BETTER / CALIFORNIA / FAR FROM YOUR MIND / NO ROCK'N'ROLL RADIO(Last Summer Mix) / All Fun Of Kids

『MORE FUN?』
VPCC-82141

レッツゴー電力 [インディーズ電力] / オリジナル電力 [インディーズ電力]

http://www.taijinho.com/disc

TAIJI at THE BONNET

『完全初回プレス盤限定 /1st アルバム先行 7inch シングル EP』
SIDE A. ROCK'N'ROLL JEDI
SIDE B. 旅人のアトリエ（アルバム未収録曲）

『ROCK STAR WARS』
KICS-1742
ROCK'N ROLL JEDI / シモキタのワル / 愛してるぜ緊急に / ROCK STAR WARS / THIS IS WE ARE / す・と・い・く / NEVER STOP THIS PARTY / IT'S HAPPEN TO US / JEDI'S GIRL FRIEND / JEDI'S BLUES / 100% SOLAR BUDOKAN の歌 / ソノラ砂漠のドレッドライダー

http://www.the-bonnet.com/disc

The Sunpaulo

『After The Eclips』
IDCY-1009
Santeria Antillana / Shield My Prossessor / Maiden Twins / Auferstehn' (Album Version) / After The Eclipse

『WHO I AM?(12')』
WHO I AM?(ELECTRIC LADY MIX) / WHO I AM?(ELECTED GENTLEMAN MIX)

『ELECTRIC WISDOM SOUND SYSTEM』
WSDM-002
I Against a Speeeeed ! / ~But We Want More / ~Another One / Romanov's Boogie / Electric Western part 1 : Fiber Optics / part 2 : Everybody Get Down / part 3 : da da da Montuno / Who I am / ~Electric Lady Apple / Close to You part 1 : Entrance / part 2 : Exit

『PEOPLE GET READY』
XQGP-1001
Little Human [Jimmy Edgar remix] / Turn on,tune in / Really really drop out / People get ready / Ready to rock'n roll / People get ready [Youth in Dub Remix] / People get ready [Kaoru Inoue remix] / Romanov's boogie [Maya Jane Coles Remix] / I against a speeeeed [O.N.O remix] / Turn on, tune in [Caned & Able remix]

『One People』
XQGP-1002
DON'T U WANNA B / ELECTROCKSTAR / A LITTLE HUMAN / ELEKTRO NEW WAVE / DE NADA / DE NADA SERENADE / FRESH RUDIES WALTZ / FRESH LANDING WALTZ / ONE PEOPLE

http://www.sunpaulo.com/disc

全ての作業を 100% 太陽光発電で生まれた電気を活用して行われた歴史的作品
『もう一度世界を変えるのさ』
シアターブルック

インディーズ電力、はじめてのフルアルバムが完成
『はじめての感電』
インディーズ電力

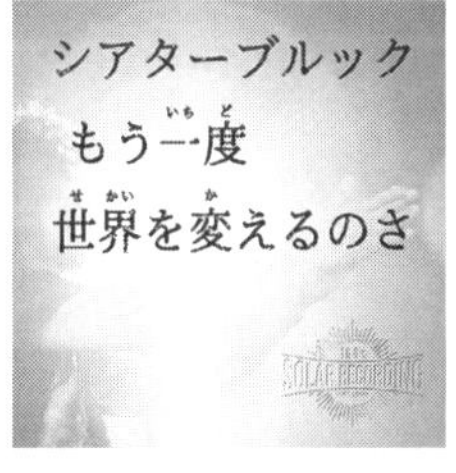

【disc2 CD】TYPHOON SHELTER (short Version) / オレタチフューチャー / まばたき / あふれ出すばかり / 乾き過ぎた風 / One Fine Morning / 直射日光 / 約束の虹 / 先生どうしてキスの仕方まで教えてくれなかったんだ / 俺の手にはギター / 無実の子

『03.04.28 LOFT/03.06.22 LIQUID ROOM』
3SR-002
TEPID RAIN / 悲しみは河の中に / 昨日よりちょっと / DREAD RIDER / ありったけの愛 / まばたき / 純粋無垢 / 何もないこの場所から

『Reincarnation』
FLCG-3117
BABY / 世界で一番SEXYな一日 / How do you do Mr.president / 世界の終わり / Reincarnation / 生理的最高 / 欲望の轍 / 大統領 / 目覚めのLOVE SONG / 幸せと踊る時 / Mama / Don't Let Me Be Misunderstood

『Intention』
ESCL3452
お尻をひっぱたけ！/ SNAKE BOOTS / 明日のかけら / イカロスの大地 / 裏切りの夕焼け -Album Ver.- / 恋人よ / '74年の日曜日 / 大気圏突破 / 未来を今 / 旅人と踊り子 / 夢とトラウマ / 理想のオレ

『- Live long and prosper - Tour』
KICS-1682/3
TEPIDRAIN / SNAKEBOOTS / ドレッドライダー / お尻をひっぱたけ / 裏切りの夕焼け / TYPHOON Shelter / 明日のかけら / 恋人よ / 旅人と踊り子 / 聖なる巨人 / イカロスの大地 / ありったけの愛 / まばたき / ENC. 夢とトラウマ

『最近の革命』
LNCM-1016
キミを見てる / 愛と死のミュゼット「THEATRE BROOK with 加藤登紀子」/ 最近の愛のブルース / 理想的サムライ / やめられないのさ / 愛の源 /（最近の）ありったけの愛 / 昨日よりちょっと Live ver. (2012.09.07@下北沢Garden)

http://www.theatrebrook.com/disc

佐藤タイジ

『FEMME FATALE / Taiji All Stars』
FLCG-3126
Star Navigation [feat.SAKURA] / Beginning Time [feat.UA] / 君が笑う方へ [feat.bird] / Blessing Soul [feat.Yasuko Matsuyuki] / 天国の歌 [feat.hitomi] / You're Loaded [feat. COLDFEET] / 黒く澄んだ君の瞳 [feat. Leyona] / ルノアの果て [feat.Magnolia] / You're Loaded [feat.COLDFEET(COLDFEET Remix)] / オレの葬式

『The Divorced Rockstar/ 佐藤タイジ』
VFP-1
銀の鳥 / ソノラ砂漠のドレッドライダー / HOT TOUCH / 砂漠の悪い鳥 / 旅人のアトリエ / D6ブギー / Every Little Step / 99 miles

『佐藤タイジのギター教室 ~ 踊る阿呆に見る阿呆同じ阿呆なら踊らにゃそんそん』DVD
ATDV-279

『やめんかったらロックスター』BOOK

『佐藤タイジ Presents A 100% SOLARS』
TRJC-1011
together tonight [佐藤タイジ× Salyu] / 朝を迎えて911to311 [佐藤タイジ× fea'Char] / MY ATOM LOVER [インディーズ電力] /

『まぶたの裏に』
ESDB-3868
まぶたの裏に / HASTA LA VISTA

『ノックしつづける男』
ESCB-193
ノックしつづける男 / ぜんまいのきしむ音

『VIRACOCHA』
ESCB-1928
聖なる巨人 / ノックしつづける男 / まぶたの裏に / 涙の海 / SOUL DIVER / 約束の虹 / 瞳孔は開かないか / ぜんまいのきしむ音 / SOUL PENETRATOR / 直射日光 / HALLELUJAH / そこにある受話器

『涙の海』
ESCB-1987
涙の海 / この世に未練は残さないつもりだ / カミツレと黒い山羊

『ありったけの愛』
ESCB-2083
ありったけの愛 (November 1999 remixed by 松本靖雄) / もうがまんできないっス

『SPECIAL』
ESCB-2095
ありったけの愛 / 悲しみは河の中に / ぜんまいのきしむ音 / あふれ出すばかり (Remix) / この世に未練はのこさないつもりだ / 水蒸気の向かう方 / 瞳孔は開かないか / 立ち止まって一服しよう / キャプテンパラボラ / カウント 9 / まばたき / 涙の海 / けものみち

『心臓の目覚める時』
ESCB-2107
心臓の目覚める時 / ただの道 (Single ver.)

『I am the space, you are the sun』
ESCB-2126
太陽の落とし子 / Captain Baobab / 心臓の目覚める時 / ただの道 / PUT YOUR HANDS IN THE AIR / 1st MAN WALKING / 五反田ディレイセンター / 1cm ずつ / 先生どうしてキスの仕方まで教えてくれなかったんだ / ぎりぎりまでもう一回 / Yes I am, Who I am / 最後の 1%

『THEATRE BROOK 16mm AT S.P.C』VHS
ESVU-512
悲しみは河の中に / ノックしつづける男 / 約束の虹 / 涙の海 / 捨てちまえ / まぶたの裏に

『オレタチフューチャー』
ESCL-2407
オレタチフューチャー / こらえきれようのないもの

『THEATRE BROOK』
ESCL-2408
me, we / オレタチフューチャー / 蜃気楼 / 金鳳花 / ギャラクシーゴー / 純粋無垢 / 夢のアキレス腱 / 幸せのメッセージ / 朝を迎えて / なにもないこの場所から / 東洋の極意

『世界で一番 SEXY な一日』
FLCG-3116
世界で一番 SEXY な一日 / SEPTEMBER / 世界で一番 SEXY な一日 (NEVER DIE MIX by SUNPAULO)

『The Complete Of THEATRE BROOK』
ESCL-2677~2678
【disc 1 CD】ドレッドライダー / Bring Some Water / ありったけの愛 / 捨てちまえ / 立ち止まって一服しよう / 野蛮なローソク / 心臓の目覚める時 / TEPID RAIN / 夢のアキレス腱 / ノックしつづける男 / 五反田ディレイセンター / 純粋無垢

佐藤タイジ

シアターブルック

『Theatre Brook』（アナログ盤）
BEL-12032
【A 面 】SCREAMING OF THE SILENCE / SUNSHINE & THE MIRROR / EVERYBODY
【B 面】WELCOME / ON THE STAGE

『非国民』
COD-003
ブルック～問題 / システム / プレシャス

『SENSEMILLA』
USS-1
愛を勝ちとれ / ノスタルジアにしがみつくな / 青空がなかったら / What's Cha say / 微動だにしないモノ / Horse-Shit / パラダイス / 終わらないはずなのに / Don't Close Your Eyes

『CALM DOWN』
ESCB-1598
ありったけの愛 / CALM DOWN / トゲのないバラ / 泣かないで下さい / 立ち止まって一服しよう

『あふれ出すばかり』
ECSB-1709
あふれ出すばかり / 光の音 / YOUR CHILDREN

『ドレッドライダー』
ECSB-1731
ドレッドライダー / 昨日よりちょっと

『TALISMAN』
ESCB-1746
TEPID RAIN / パラボラマン / ドレッドライダー / 野蛮なローソク / パラボラマン ~Reprise~ / 誰にも言えない / 命の一発 / One Fine Morning / あふれ出すばかり (Remix) / キャプテンパラボラ / 昨日よりちょっと (Long Version) / DREAD SURFER~BACK SPIN~ / ありったけの愛 (Live Version) / 光の粒 / 無実の子

『捨てちまえ』
EBDB-3756
捨てちまえ / カミツレと黒い山羊

『まばたき』
ESDB-3781
まばたき / 曼珠沙華

『TROPOPAUSE』
ESCB-1837
俺の手にはギター / 悲しみは河の中 ~If you want to tell him~ / まばたき / 曼珠沙華 / 透き通らず / Bring Some Water~If you want tell him (reprise)~ / 乾き過ぎた風 / 捨てちまえ / カウント 9 / けものみち

『Typhoon Shelter』
ESCB-1853
TYPHOON SHELTER (Short Version) / アジトまでの道 / Blink On The Water / Bring Some Water (Original Version) / Temple Street / 船の上の日々 / Bring Some Water(London Electricity Remix) / 銅鑼湾 / The Longest Day Of Mr.Chen / Anita "30, JUNE 97" / まばたき (Up Bustle and Out Remix) / 廟街 / ホンコンのアジト / Victria Peak / まばたき (TYPHOON SHELTER Mix) / TYPHOON SHELTER(Original Version)

『SOUL DIVER』
ESCB-1877
SOUL DIVER / 足元 / 悲しみは河の中に (LIVE VERSION)

ディスコグラフィ

「ＡＮＴＨＥＭ」編集部編

それぞれのアーティストごとに発表順にまとめた。ソロだけではなく、グループのものも掲載した。

同じ曲のインストゥルメンタル（カラオケ）は収録曲から省略した。

情報は 2015 年 1 月現在のものである。

大貫憲章

『ロンドンナイト・コンプリートガイド』
ポイズンエディターズ
ISBN-13: 978-4434076718

『ロンドンナイト・ディスク・ガイド』
スペースシャワーネットワーク
ISBN-13: 978-4860202354

ロンドンナイト他、イヴェント出演情報はこちらから
KENROCKS WEB
http://www.kenrocks.net/

『Kenrocks Nite Ver.2』
Inter FM にて毎週木曜 23 時より放送中

ANTHEM　スタッフ

　ヒラタマキコ

　スズキアサミ

　POKO

　高橋智子

　Ayumi Ozaki

ANTHEM

音楽産業とメディアを考えるフリーマガジン。

前身は、2003年、ヒラタマキコとスズキアサミが学生時代に仲間と完全なる手作りで発行した同名のフリーマガジンで、２冊を発行して活動は終了。

その後、現スタッフ（前ページ参照）との出会いがあり、2009年に改めて活動を開始すべく、集結。コンセプトは“音楽を通して、わたしたちが話し合うべきことを考えるきっかけとなる一冊を”。有志で制作しているため、発行は不定期だが、インタヴューから取材、写真やデザイン等も本格的に行なっている。配布先は全国のレコード店やライヴハウスなど。フリーマガジンでありながら、読者のカンパ制を導入、それを制作費の一部としており、スポンサーは一切ない完全なる独立メディア。

http://anthemusic.net/

問合先　contact@anthemusic.net

音楽で世界は変わる
ロックが生んだ8つの価値観

第1刷発行　2015年2月28日

編著者●フリーマガジン『ＡＮＴＨＥＭ』
編集・制作●中川右介
発行人●佐藤英豪
発行所●株式会社アルファベータブックス
〒102-0071　東京都千代田区富士見2-2-2-405
電話03-3239-1850 Fax 03-3239-1851　E-mail alpha-beta@ab-books.co.jp

印刷製本●モリモト印刷株式会社

定価はダストジャケットに表示してあります。

乱丁・落丁はお取り換えいたします。
ISBN 978-4-87198-314-3 C0073